陈 宪 著

创业创新

中国经济转型之路

Start-up and Innovation

The Path of China's Economic Transformation

上海人民出版社

序 "双创"与中国经济的新长征 START-UP AND INNOVATION

陈宪教授的新著《创业创新：中国经济转型之路》即将出版，嘱我写一些感想。从学术和思想的角度，这本书已经相当全面地从经济学、管理学的视角对创业创新进行了深入剖析，并结合实践（如以色列和深圳）作了举一反三的阐述，我无需多言，仅从一个媒体创业者的角度谈点看法。

2015年8月底，我注册的上海那拉提网络科技有限公司拿到"三证"，10月16日第一个产品微信公号"秦朔朋友圈"上线。我在47岁离开工作了25年的传统媒体和国有体制，告别事业编制，自此生存发展全靠自己，不劳动不得食。创业伊始访问马云，他对我说："新创公司先不要谈战略，活下来就是最大的战略。"

一个企业，无论大小，能活下来，好好活着，不给外界添麻烦，这就是对社会负责。按照林毅夫教授的定义："如果一个企业通过正常的经营管理预期能够在自由、开放和竞争的市场中赚取社会可接受的正常利润，那么这个企业就是有自生能力的。否则，这个企业就是没有自生能力的。"

从我多年对中国经济的观察来看，我觉得一个突出问题是，具备自生能力的企业比例可能在降低，越来越多企业加入到债务驱动型、政策支持型的行列中。根据国际清算银行（BIS）的数据，截至2015年末，中国企业部门的杠杆率为170.8%，高出发达国家平均值80个百分点，高出新兴经济体平均值66个百分点；根据李扬主持的国家金融与发展实验室的数据，截至2015年底，如果把融资平台债务加进来，中国非金融企业部门债务率达156%。企业部门债务是中国债务的主体，也是近年来中国杠杆率快速上升的主要推动因素。

一个社会，简单来说，就是两个部门，挣钱的部门和花钱的部门。一个健康可持续的社会，简单来说，就是挣钱的部门要高效，花钱的部门要量入为出。而中国经济今天的挑战，是企业的投资回报率不断下降，下降到无法偿还为了维持现状而注入的资金成本。不客气地说，很多地方和行业都是"维持会经济"。一个企业违约出问题，往往就能牵出一大堆"联保企业"出问题，然后政府再用行政干预的办法去维持现状，把"定时炸弹"的风险后移。

所以中国经济的基本形势是，增速很快，总量很大，但是微观主体的金融债负和所需的政府支持，再以更快的速度和更大的总量扩张，风险越来越大。

那么究竟怎样才能解决这一问题？从根本上说，应该让更多微观企业走自主负责和培养自生能力的道路。一方面要为企业进入创造更加自由、便利和公平的环境，另一方面政府尽量不要在微观上干预企业运行，不要"把所有问题都自己扛"。中国很多产业的产能严重过剩，就是因为地方政府在资金、土地、电价、税收、专项补贴等方面提供了大量支持，导致一些没有自生能力的企业觉得有利可图，也加入进来，最后出现"集体谬误"。如果没有微观上的种种干预，包括没有"父爱主义"的好心，企业就会根据真正按照市场规律做出投资决策，并及时做出调整。

虽然中国经济有自己的特色，不能百分百完全依靠市场的自发调整，但是再走传统老路，显然是死路一条。因此，必须推进供给侧结构性调整。用习近平总书记的话说，就是要减少无效和低端供给，扩大有效和中高端供给，增强供给结构对需求变化的适应性和灵活性，提高全要素生产率。

基于上述的认识，我认为，"大众创业，万众创新"实质上是要告别继续做大资产负债表、维持高增长的老路子，走出一条以市场为中心、更好地满足消费者需求、具有内在活力和内生动力的新供给之路。在这个过程中，经济资源将更多向新兴力量配置，向创造者配置，向未来配置。只要资源配置处于不断优化之中，就一定能走出传统隧道，迎来新的海阔天空。

作为创业者，我们可能失败，可能遇挫，但当我们遇到"双创"的历史性机遇时，我们很骄傲做出了这样的选择——宁可倒在迈向未来的路上，也不愿寄生在对过去的路径依赖中。

大众创业，就是把每个人改变命运的自由选择权交给自己。如果说，改革开放始于放开、下放这种"双放"，那么今天的"双创"，可以说是在新的历史起点上，对"双放"的继承与再发展，是中国经济的新长征。

中国要创出新红利，靠创业；要超越"模仿的陷阱"，靠创新。"双创"既是经济活力之源，也是转型升级之道。

2017 年 4 月 6 日

自序 "创业创新"是大手笔　START-UP AND INNOVATION

我在大学读的是财经类专业，但那段时间对哲学比较感兴趣。而且像我这样，恢复高考后就读财经类专业，以后又没有出国深造的人，计量这一块是显著的"短板"，所以，比较习惯用逻辑思维的方法，寻找一些研究方向。

20世纪90年代中期，我开始关注服务贸易，进而延伸到服务产业和服务经济，就是一个例证。我开始进入这个领域时，有同事认为，服务（业）不就是修修补补、餐饮百货吗？这有什么值得研究吗？我当时一方面看到发达国家的服务业占比已经达到70%左右的水平，另一方面经济形态向更高端演变，不正是哲学告诉我们的发展规律吗？所以，以后的近20年，我和我的团队一直在做服务经济方面的一些工作，在国内也形成了一定的影响。

关于中国经济，现在讲得最多的就是适应新常态，其内涵是"创新驱动，转型发展"。我认为，李克强总理在2014年夏季达沃斯论坛演讲时提出"大众创业，万众创新"（以下简称"双创"），触及了中国经济转型的本质或本源。对事物的哲学思考，就是要抓住其本质，进而因势利导，使之沿着正确的方向发展。创业创新对于中国经济转型深刻且深远的影响，是怎么估计都不会过高的。以前我也比较关心企业家和企业家精神这方面的话题，近几年来，通过对"双创"的调研和思考，认识到"双创"是大手笔，对于今天中国经济的转型发展有根本性意义。

李克强总理在 2014 年夏季达沃斯论坛上演讲时，第一次提出"大众创业，万众创新"。他首先述及"大众创业"、"草根创业"的新浪潮；然后阐述"万众创新"、"人人创新"的新形态；最后，他将"大众创业"与"万众创新"连在一起，一句振聋发聩的社会动员口号就应运而生了。下面摘录他的这三段话。

"关键是进一步解放思想，进一步解放和发展社会生产力，进一步解放和增强社会活力，打破一切体制机制的障碍，让每个有创业愿望的人都拥有自主创业的空间，让创新创造的血液在全社会自由流动，让自主发展的精神在全体人民中蔚然成风。借改革创新的'东风'，在 960 万平方公里土地上掀起一个'大众创业'、'草根创业'的新浪潮，中国人民勤劳智慧的'自然禀赋'就会充分发挥，中国经济持续发展的'发动机'就会更新换代升级。"

"中国人不仅有勤劳的禀赋，也有智慧的源泉。在中国的劳动力当中，有数以亿计的各类专业人才和各类技能劳动者，大概将近2亿人。可以试想一下，如果这么多人，哪怕是大部分能够发挥他们的聪明才智，形成'万众创新'、'人人创新'的新形态，体力加脑力，制造加创造，甚至可以开发出先进的技术乃至于所谓颠覆性的技术，中国的发展就一定能够创造更多的价值，上新的台阶。"

"'大智兴邦，不过集众思'。也就是说，智慧来自于大众。我刚才强调的大众创业、万众创新将会迸发出灿烂的火花。我们比任何时候都需要改革创新，更需要分享改革创新成果。"

在2015年夏季达沃斯论坛上，李克强总理继续阐发"双创"的深刻内涵。

"大众创业、万众创新这'双创'是推动发展的强大动力。人的创造力是发展的最大本钱，中国有9亿多劳动力，每年有700多万高校毕业生，越来越多的人投身到创业创新之中，催生了新供给、释放了新需求，成为稳增长的重要力量。'双创'还是扩大就业的有力支撑。经济增速放缓而就业不减反增，主要是因为新的市场主体快速增长。"

"'双创'也是收入分配模式的重大创新。千千万万人靠创业创新增收，更好地发挥了'一次分配'作用，初步探索了一条中国特色的众人创富、劳动致富之路，有利于形成合理的分配格局。'双创'是促进社会公正的有效途径。无论什么人，只要有意愿、有能力，都可以靠创业自立、凭创新出彩，都有平等的发展机会和社会上升通道，更好地体现尊严和价值。"

到了 2016 年，李克强总理在夏季达沃斯论坛上再次论述"双创"的意义和作用。

"我们将以创新引领经济转型升级。创新是发展的第一动力，是供给侧结构性改革的重要内容。我们要深入实施创新驱动发展战略，加快建设创新型国家，要运用好创新的理念，就需要发展新经济，培育新动能，就需要推进大众创业、万众创新。"

"我们将通过推动'双创'，把精英和草根、线上和线下、企业和科研院所的创新活动融合起来，以千千万万市场主体的'微行为'，汇成创新发展的'众力量'。高效率地汇集和运用众智就可以形成众力，这样可以使科技研发、专业知识、工匠技能合作共享。共享经济也是众创经济，它可以让人人参与、人人受益，有利于形成合理的收入分配格局，为每个人都提供平等竞争的机会，壮大中等收入群体，也让每个人都有发挥自己潜能的机会，去追求人生的价值，促进社会公平正义。"

李克强总理不仅提出和倡导"双创"，而且身体力行，以政府的实际作为不断推动"双创"。他多次强调，要紧紧扭住简政放权这个"牛鼻子"，逐步厘清政府和市场的边界。2013 年以来，国务院分9 批审议通过取消或下放的行政审批事项共 618 项，其中取消 491

项，下放 127 项。仅 2015 年，取消和下放 311 项行政审批事项，取消 123 项职业资格许可和认定事项，彻底终结了非行政许可审批。工商登记前置审批精简 85%，全面实施三证合一、一照一码。加强事中事后监管，优化公共服务流程。群众和企业办事更加方便，全社会创业创新热情日益高涨。李克强总理要求，围绕激发市场活力，加大改革开放力度。我们不搞"大水漫灌"式的强刺激，而是持续推动结构性改革，深入推进简政放权、放管结合、优化服务改革。这就为创业创新，为企业的发展，为企业家的价值实现创造了更好的环境，准确地说，是更好的生态系统。

最近，我在看一本书《硅谷生态圈——创新的雨林法则》(机械工业出版社 2015 年版)。这本书的两位作者是资深的风险投资创始人和投资家（也是一种企业家类型），他们基于深厚的创业创新实践和几十年的综合经验，"发展了一个特别的专业技能领域——分析和培育创新系统"。作者特别强调："发展完整的创新系统和推动个人和小团队这样规模的创新所需的传统知识是完全不同的。"为此，"在本书中，我们提出一个彻底的'全新理论'来说明创新生态系统是如何工作的，我们称这个系统模型为雨林。这是一个志存高远的事业，并且我们不可能做到完美，但是我们认为，通过将我们对人性本质、进化生物学、经济合作和社会系统的个人观察串联起来，我们就能提供一个更加富有成效的新方法来思考创新。"

最值得肯定的是，本书在问了一系列有关创新的"为什么"后，大胆地质疑了现有理论的基本假设。"在对创新生态系统中的人类行为建立一个自下而上的新阐述时，我们质疑经济学家一个多世纪以来的一些基本假设。……雨林模式是新古典经济研究的'对手学科'。"作者认为，自由市场经济其实不是那样的自由，它们仍然被不可见的交易成本所制约。然而，像硅谷这样的雨林有能力通过一系列社会行为来解决交易成本的问题。这些行为需要个人超越短期个人利益，并关注于长期共赢。"雨林理论驳斥了这样的观念，即在私利的理性追求达到最大时，经济生产力是最高的。天赋的多样性、跨越社会壁垒的信任、高于短期理性的动力、促进快速多样合作的社会准则和个人体验。这就是雨林文化。"强调创新的关键要素即天赋、想法和资本等的配方与重组，强调创新行为超越最大化动机，是雨林模式或雨林法则的核心。

当下中国的"双创"，以及"双创"生态系统的优化，就是一场雨林法则的中国实践。

2017 年 2 月 26 日

目 录 **START-UP AND INNOVATION**

START-UP AND INNOVATION THE PATH OF CHINA'S ECONOMIC TRANSFORMATION

聚焦"双创"

中国经济的希望在"双创"

但凡社会在经历大的变革和转型时期，一定会有一件自下而上的重要事情，影响甚至决定着变革和转型的成功。就像 20 世纪 20 年代开始的中国革命，70 年代末开始的中国改革，都是自下而上的。那么，正在进行的这场中国经济转型，哪件自下而上的事情对其至关重要呢？我以为，就是"大众创业，万众创新"。当然，人类社会有许多自上而下的事情，在中国尤其如此，其中有些自上而下的事情也很重要，例如，中国现在正在推进的自贸区建设，但更为有趣、影响更为深远的总是那些自下而上的事情。

自下而上的事情往往提供或创造来自源头的动力和活力。"双创"之所以重要，就是因为它是中国经济中长期增长动力、战略性新兴产业成长、供给侧结构性改革向纵深推进，以及重塑主流价值观的源头活水，一股不可或缺的源头活水。

一、"双创"促进中长期增长动力的形成

自 2010 年起，中国经济增长开始持续下行。这一轮下行的原

因，除了以往常见的周期性因素，更主要的是结构性因素：产能过剩，还有背后的一批僵尸企业；房地产泡沫，主要集中在部分二线和大部分三、四线城市；地方政府和国有企业的高杠杆，致使需求侧主要动力——投资的增速大幅下降；同时，外需持续不振，出口的增速也大不如前，进而经济增长进入较长时期的下行。由此，中国经济需要寻求新动力。短期的动力可以来自刺激政策，但不能长久，亦会造成新的问题，特别是在经济持续下行和面临深刻转型的当下。那么，中长期经济增长的动力来自哪里？答案是来自供给侧。中国目前还有大量阻碍供给侧动力形成和发挥作用的体制性、政策性障碍，所以，要通过供给侧结构性改革，才能激发和产生供给侧动力。这就是提出供给侧结构性改革的必然性，或大致的逻辑。

分析供给侧动力的框架是增长模型或总量生产函数，主要是劳动力、资本和技术。劳动力的现代分析视角是人力资本。人力资本既提高劳动力的质量，也部分地替代物质资本，成为现代经济增长的最重要投入要素。经济学家舒尔茨指出了人力资本投资的主要途径：健康、教育和培训等。在现阶段，资本投入的问题是优化配置，包括土地、资源和产业资本的优化配置，提高其利用效率。其中，既有改革的问题，也有技术的问题。内生于经济体系内部的技术进步，是经济中长期增长的动力。企业家才能把劳动、资本带到一起并组织起来，这个思想源于马歇尔；企业家精神则是不断地进行创造性、革命性的要素重组即创新，这是熊彼特思想的精髓。资本（物质资本和人力资本）和技术都是企业家为了实现“新组合”，把各项生产要素转向新用途，把生产引向新方向的一种杠杆和控制手段。资本和技术的主要社会功能在于为企业家进行创新提供必要的条件。综上，供给侧动力也是三驾马车，技术进步、人力资本和企业家精神。

目前，我国在这三个方面都还存在问题，如缺乏原创性的核心技术；人力资本积累不足、质量不高；企业家精神缺失。这些都是制约经济长期增长和发展的因素。技术进步源于人力资本密集的创业创新，“大众创业、万众创新”。熊彼特创新是要素及生产条件组合的革命性变化，其深处是技术进步驱动。创业者、企业家在这里的关键性作用，是作为技术创新成果产业化的组织者。科学发现、技术发明和文化创意的成果，都是创业者和企业家主导的产业化过程的投入要素。所以，通过长期推动“双创”，形成创业创新文化，就为培育创业者和企业家创造了条件，进而为中长期经济增长提供了动力。

二、“双创”是对战略性新兴产业的试错

今天说的创业，即 start-up 意义上的创业，或者说我们在美国

的硅谷和波士顿、以色列的硅溪看到的创业，以及在北京的中关村、深圳的南山看到的大部分创业，都是内在创新，主要是从事新技术研发的创业。

创业的本质是试错，并行着创业者试错和需求试错。前者试自己或团队是否为"对"的创业者，这个过程又总是与需求试错结合在一起。二者皆为"对"，才算创业初步成功。而且，结果为"对"的创业总有可能孕育出新技术，进而可能产生新产品、新服务，甚至新产业。所有这些试错为"对"的创业创新活动集腋成裘，对战略性新兴产业的形成作出无可替代的贡献。

新技术能否产生有市场需求的产品和产业，亦即人们常说的产业化，就是创业者、企业家的需求试错。需求试错在现在的供需格局中，表现得比以往更加重要。这是因为，现今的供需格局是供给全面过剩，发现新需求即供给创造需求，成为矛盾的主要方面。正是沿着这个简单的逻辑，不难发现，内在创新的创业是新兴产业发展的源头活水。正是创业者、企业家的不断试错，才在试错为"对"的成功中出现了现代产业体系。人们可以预见一些新兴产业发展的端倪，但新兴产业及其体系绝对不是规划出来的，而是创业者、企业家试错出来的。创业创新究竟做什么技术、产品或服务，可以参考技术预见，但最终"拍板"是根据创业者和企业家的直觉和判断。

　　讨论创业与产业之间的关系，一定会涉及政府与创业和产业的关系，其中一个方面就是产业政策的问题。我觉得，现在的讨论缺乏必要的界定，将产业政策的外延扩得太大，这无助于问题的讨论。要先去掉一些现在被认为是产业政策，但实际上不是产业政策的内容。例如，将政府推动基础设施发展视为产业政策，是一部分学者的观点。现在有基础设施产业的说法，但政府推动其发展的措施，是否就是产业政策呢？基础设施是公用事业，提供普遍服务，它们构成现代社会发展的一个大平台，并不仅仅服务于经济。在任何情况下政府都有责任推动其建设和发展，至于程度和方式因不同国家和地区而异。也就是说，推动基础设施建设和发展并不是一个产业政策的问题。

　　日本是公认的第一个有明确的产业政策的国家。作为一个战败国，战后日本政府希望集中资源，把百废待兴的产业发展起来，使之带动国民经济快速发展。所以，日本的产业政策是直接干预产业发展本身的。这就道出了产业政策的本来意义和内涵：有直接干预产业发展的目标和手段。如日本的重化工业发展目标，以及对重化工业的优惠利率。这个意义上的产业政策到底利大于弊，还是弊大于利？这是讨论产业政策的要害。日本产业政策的利弊得失本来就是见仁见智的。即便持利大于弊的观点，也可能与日本是在市场经济体制的基础上，辅之以适度的产业政策有关。还有两点亦很重要，其一，在日本实施产业政策的时代，供大于求的格局尚未形成，产业发展往往对应着比较确定的需求；其二，健全的法制在其中起到了至关重要的作用，就像新加坡政府在推动经济发展中也起到了较大的作用，但法律制度和依法治理的保驾护航起到了关键性的作用。

所以，首先要明确，所谓产业政策，一定是指对某一类产业优先发展的支持政策，既有政策目标，也有政策手段。从这个意义上看产业政策，就需要谨慎一些了，尤其在市场能够发挥配置资源作用的领域，更是如此。这是因为，这里有两个绕不过去的问题，而且经常被人们提及。首先，信息对称的问题。产业发展的方向，产业结构的演化是能够被预见的吗？答案当然是否定的。这不要多做解释。一时间产生的产业"短板"，能够靠产业政策修复吗？也不太可能。因为政策都有时滞，不等政策发挥作用，市场的作用可能已补齐"短板"，政策的作用可能会使"短板"变成"长板"。这样的例子也不在少数。其次，扭曲市场的问题。因为推动某一类产业发展的产业政策，都是有"含金量"的，这就必然使企业趋之若鹜，以获取个中资源。所有创新的努力都不及这个来得快。这就像资产价格过快上涨一样，扭曲了激励的方向。这对于创业创新的杀伤力是巨大的。

考虑到上述两个问题，以及中国现阶段的法制水平，我认为，即便还有必要的产业政策，但对于"双创"的公共服务和实现这些服务的平台可能更加重要。过往的经验是，产业政策的扶持对象往往是特定产业中的国有企业、大企业，产业政策是极少惠及"双创"的。有专家在说到制定产业政策的出发点时指出，它们是从市场维护或修复的角度出发的。这与其说是产业政策的出发点，不如说是创业政策的出发点。创业创新需要好的市场环境、生态系统，政府还是在这个方面多做一些努力，而将自己从产业发展中抽身出来，在占比最高的竞争性产业中尤其如此。创业政策本质上属于创业服务，政府也和社会各界一起，多为"双创"的生态系统做一些实事。

三、"双创"倒逼供给侧结构性改革向纵深推进

"大众创业，万众创新"的口号自提出以来，质疑的声音就没有停歇过。因为"双创"的成功率很低，所以，不少人对口号中的"大众"、"万众"感到不对劲，认为这不是又要搞"群众运动"了吗？民间创业是市场经济的原生态，原始创新是市场经济的源动力，因此，创业创新活动原本就是"群众运动"。在经济发展的任何时期，特别是在创新驱动、转型发展的时期，这句口号是社会动员的

口号，是对"大众"说的，并不是对成功的"小众"说的。创业的成功率很低，只有两种可能会增加成功者，一是动员更多的人投身创业试错，在成功率为一定的情况下有更多的成功者；二是改善环境，创造条件和机会，亦即优化创业创新的生态系统，在创业者为一定的情况下提高成功率，就会有更多的成功者。但是，对于今天的中国来说，要让更多的人愿意投身创业，并使"双创"生态系统不断改善和优化，需要改革的深刻介入。

另一个比较典型的看法是，政府鼓励创业时，往往是经济不太好的时候，这时，政府鼓励创业是为了缓解就业压力。不能否认这种情况以前有过。然而，改革开放已近 40 年，如果说鼓励创业还只是权宜之计，那么，可以说这场伟大实践以失败告终了。但情形恰恰不是如此。李克强总理说："大众创业，万众创新，实际上是一个改革。"我的理解是要通过由"双创"触动的或倒逼的改革，彻底完成从计划经济向市场经济的转型，将经济增长和发展的主动力建立在"双创"的基础上。所以，"双创"是根本大计，而不是权宜之计。

"双创"提出或引发的改革任务是全方位的，主要是政府自身的改革，即供给侧结构性改革。当下，这方面的改革主要包括：政府监管架构和内容的改革，如对国有企业（资本）的监管体系和内容，对金融业的监管体系和内容的改革。国有企业、国有资本和金融监管架构的改革，本质上都属于政府改革，有着为"双创"创造机会的重要作用。财税制度改革，不仅是经济体制改革的重要组成部分，同时与行政体制、政治体制改革联系紧密。税制改革关系到微观经济和创业创新的活力动力，预算改革则事关政府的"钱袋子"，进而与政府职能转变息息相关。金融改革，从根本上解决经济的"脱实向虚"问题，让金融体系和金融市场更好地为实体经济服务，为创业创新服务。以自贸区建设为标志的开放倒逼改革，将通过进一步降低门槛，减少审批，优化监管，为"双创"创造更加宽松、便利的环境，并进一步有效提供各种与"双创"相关的公共服务。

中国目前还有大量阻碍供给侧动力形成和发挥作用的体制性、制度性障碍，尤其是阻碍创业创新、民间投资和民营经济发展的体制性、政策性障碍，所以，要通过供给侧结构性改革，才能激发和产生供给侧动力，即来自"双创"的，以企业家精神为核心的动力。所以，必须寄希望于大众的力量，通过广泛的"双创"实践，倒逼政府自身的改革，以形成适应市场经济在中国发展的土壤和体制。既作为发展动力，也作为改革动力的"双创"，完全能够做到这一点。由此，能够改变过去很长时期以来，中国改革中出现的"南橘北枳"现象。进而，民间"法无禁止即自由"，政府"法无授权不可为"，"双创"就将充分地活跃起来，经济增长的动力就将得到转换，市场经济的运行秩序就将合理地建立起来。这些都是"双创"这场改革将会给中国社会带来的积极的根本性变化。

四、"双创"助力重塑主流价值观

在中国经济、社会和政治体制改革与转型的过程中，主流价值观经历了迷茫、缺失，再到重塑的过程。我的一个基本判断是，与提出"大众创业，万众创新"相适应，中国社会的主流价值观正处于艰难的重塑期。

一个社会的主流价值观，其形成是多因素综合作用的结果。其中一个重要的、具有决定性作用的因素，是这个社会的财富生产方式。迄今为止，人类社会大致有过三种财富生产方式：自然经济、市场经济和计划经济的生产方式。由于大家都知道的原因，自然经济、计划经济都已经退出了历史舞台，市场经济是当下世界各国（除个别国家）的财富生产方式。当然，世界各国的市场经济因体制、制度和文化的差异，各具自身的一些特点，但其基本的运作机制是一致的，或趋向一致的。

市场经济通过哪个中间环节作用于主流价值观的形成呢？我们知道，市场经济不同于计划经济的一个基本的机制性特征，就是分散决策，每个决策主体要对自己决策的后果负责。这就意味着市场经济需要全体人民的想象力和创造力，国民经济的动力和活力来自创业、就业和消费的多样性。这里，创业和就业、就业和消费（收入）存在着决定和被决定的关系。就长期而言，创业的规模和水平决定着就业的规模和水平；就业的规模和水平又决定着消费的规模和水平。这就是为什么说创业是市场经济的原生态。今天的创业又大多内含着各种意义和形式上的创新，特别是原创技术的创新，进而创新是市场经济的源动力。因此，市场经济通过"双创"这个重要的中间环节，影响主流价值观的形成。从这个高度来认识"双创"，既是客观的，又是准确的。

那么，"双创"是怎样具体地影响主流价值观的形成呢？李克强总理说："我们推动'双创'，就是要让更多的人富起来，让更多的人实现人生价值。这有助于调整收入分配结构，促进社会公平，也会让更多的年轻人，尤其是贫困家庭的孩子有更多的上升通道。"民富国强是主流价值观的物质基础。唯有将富强作为价值观的"首善"，才有可能在国家、社会和公民个人层面共同形成主流价值观，也才有可能让主流价值观体现在国家、社会和公民个人的日常生活之中。在经济体制和发展方式转型的背景下，更多的人富起来并实现人生价值，是通过"双创"，或通过"双创"创造的就业机会得以实现的。而且"双创"将通过提高收入和职业的流动性，将公平与富强融为一体，共同成为主流价值观的基石。

对于广大愿意投身"双创"的人来说，创业创新的成功就是一个有待实现的"梦"。无论"美国梦"还是"中国梦"，都意味着政府和社会要为公民实现梦想创造更加自由、公平的环境，但你不能期待政府和社会提供超出"普惠"以上的条件和机会，个人和团队的自我奋斗是实现梦想的核心要素。具体到创业创新，就是不需要依凭关系、出身等前置性条件，而是要依靠自己和团队的努力奋斗，借助"双创"生态系统的帮助，就可以实现自己的人生目标，乃至梦想。这里，自由的个人奋斗既是主流价值观的具体体现，也是实现人生价值的基本途径。

1949 年以后中国实行了 30 年的计划经济体制。计划经济体制建立在国家（政府）创业的基础上，其间几乎没有民间创业，也就没有企业家才能、企业家精神培育和发挥作用的过程。当所有生产、投资和经营等活动都由高度集权的政府主管部门负责时，对广大劳动者来说，就只剩下"服从命令听指挥"了。所以，计划经济体制不仅扼杀人们的想象力和创造力，还将产生人身依附和依赖关系。在那个时期，不仅个人无从创业创新，而且个人奋斗是被批判的资产阶级思想。所以，主流价值观中个人价值的缺位、不被重视是显而易见的。

改革开放以来直到今天，我们都处在体制转型的时期。在这个时期，新旧体制的相互交织、此消彼长，对于主流价值观的形成产生重要影响。一方面，长期被压制的个人欲望井喷式爆发；另一方面新的规则、秩序尚未建立起来，二者的共同作用，导致大量的失范行为、投机行为，甚至犯罪行为，对主流价值观的形成产生了消极的、负面的影响。这是基本事实。但是，也正是在这个深刻的转型时期，作为市场经济原生状态的创业，源生动力的创新开始从萌发到迸发，进而对主流价值观的形成产生积极的影响。富强作为主流价值观的物质基础，公平作为主流价值观的基本诉求，自由作为主流价值观的目标追求，都是与"双创"的伟大实践紧密联系在一起的。

"双创"在中国经济中的意义，是怎么估计都不会过高的。这是因为，唯有"双创"，中国才能完成从计划经济向市场经济的转型；唯有"双创"，才能推动中国以政府改革为主要内容的结构性改革；唯有"双创"，才能使中国跨越"中等收入陷阱"，成为高收入国家，进而开始向发达国家、现代国家前行的进程。

（在深圳湾名师大讲堂的演讲，原载《解放日报》2017 年 2 月 14 日，标题为《"双创"并非权宜之策，而是转型大计》）

聚焦上海科创中心的生态系统建设

2014年5月，习近平总书记在上海考察时提出，上海要努力在推进科技创新、实施创新驱动发展战略方面走在全国前头、走在世界前列，加快向具有全球影响力的科技创新中心进军。

上海要成为有全球影响力的科技创新中心，需要的条件很多，但如果给这些条件一个整体观照，那就是生态系统建设。生态系统原本是一个描述自然界的概念，由于其连接了主体和环境，特别强调两者间及主体间的关系与协同，所以现在被用到经济、政治、文化和社会等方面。譬如反腐败，常会讲到某地的政治生态，彰显这个概念有很强的普适性。从自然生态的视角看，人类劳动是最基本的主体活动。从（市场）经济生态的视角看，民间创业则是原生态意义上的主体活动。科创中心的内涵或源头活水就是创业创新，更准确地讲，就是内在创新的创业，基于新技术研发的创业。所以，建设与之匹配的生态系统，决定了科创中心建设的效果，乃至最终是否成功。

一、从"进入"看主体建设

关于科创中心的主体建设，或者说创业创新主体建设，可以问这样一组问题：谁来创业创新？它们的组织形式？在哪里创业创新？投入来自哪里？这些问题主要发生在创业者开始"进入"的阶段。这里，主要涉及创业者、新创公司（start-up）、孵化器和投资人。

如果说在技术进步缓慢或商品短缺的年代，创业者敢于冒险就可能成功，那么，在今天这个技术变革迅速且商品全面过剩的时代，能够并敢于进行创业试错的人，一般都要接受过良好的教育。因此，现代大学除了具有与研究机构相同的、从事基础研究和应用研究的功能，同时有了一项责无旁贷的新使命，那就是培养创业创新人才。这是解决创业创新的"人"从哪里来这个最为首要的问题。为什么要动员"大众创业，万众创新"？就是因为创业试错、创新试错为"对"的概率很低，为"对"的"人"总是小众，所以，使更多有能力的人愿意出来试错，这是创业创新最为基本的前提。时至今日，越是有世界影响力的一流大学，在创业创新教育方面就越是走在前列。美国是世界上一流大学最多的国家，也是世界上实行创业创新教育最早、最成功的国家，斯坦福大学和麻省理工学院就是创业创新教育的成功者和领跑者。以色列的特拉维夫大学和以色列理工大学等几所大学，德国的柏林工业大学都在创业创新教育方面取得了不俗的成绩，对当地的创业创新输送了源源不断的人力资本。我国的创业创新教育起步较晚，可以说还没有系统的做法，更没有成功的经验。但问题还不在于此，而在于现行的中国高等教育体制并不适应创业创新教育的发展，所以，在创业创新驱动的倒逼下，推动新一轮高等教育体制的深化改革，才能使中国的大学承担起培养创业创新人才的重任。

创业者通过组建新创公司，开始创业创新生涯。最为典型的新创公司以研发新技术为使命。在美国的硅谷和波士顿，以色列的硅溪（从特拉维夫到海法的地中海沿岸地区），云集着一大批研发新技术的新创公司，它们从事的就是内在创新，尤其是技术创新的创业。为什么说以新技术研发即技术创新为使命的新创公司是最为典型的创业公司？这要从需求导向和供给创新的关系说起。在市场经济国家，过去很长时间，需求导向是经济增长、产业发展的主要路径，它的优点是比较可靠，缺点是有滞后效应。然而，在现今社会，需求表现出两个显著特征：其一，在市场经济条件下，有效需求不足成为常态，中国也不例外。其二，随着居民收入水平的不断提高，需求更多地表现为潜在需求，也就是说，在消费者的购买行为中，越来越多的需求是由他们的潜在需求转化而来的。上述两个特征都表明,一个国家、一个地区、一个企业,要想在这一格局的竞争中取胜,不仅要着眼于现实需求,更要通过供给创新的不断试错,创造新的需求,并将潜在需求转化为现实需求。谁在这个试错和转化中得到先机,谁就能得到更大的市场份额,进而获得更大的竞争优势。所以,考虑到需求导向的缺点,考虑到动态的技术进步和企业家精神,那么,供给创新就成为解决问题的关键,是我们转型发展的必然选择,也即新创公司是创业创新生力军的主要理由。

对于从事技术创新的新创公司来说,孵化器和风险投资是必不可少的两个条件。今天的孵化器主要不是场所的概念,而是各种服务的提供是否完善、是否配套的问题,例如,对于"互联网+"的创业,就需要包括大数据、云计算在内的现代信息技术服务,所以,基于创业服务平台的创业成为一个热点。我认为,创业服务产业的发展将逐步成为孵化器、加速器的主流,在很大程度上替代地方政府以前在这方面的作用。风险投资应该是创业服务的一个重要组成部分,但它本身又相对独立,介于金融业与实体经济之间。从这个意义上说,金融服务实体经济的一个重要通道就是风险投资产业,这恰恰是我们现在的"软肋"。即便在金融业相对发达的上海,也存在风险投资产业发展不足的问题。这一点我们也要向以色列学习。

以色列人均风险资本投资在全球最高，它的新创公司几乎都可以获得风险投资。而且在以色列传统行业中创办一家公司，会面临很多融资上的问题，即便只想获得一笔小额贷款也会有很多麻烦，但新创公司可以通过多种途径获得融资。其实，这个背后也是市场选择。因为在以色列狭小的市场上，基于供给创新的创业一旦成功，会在全球范围内创造新的需求，或转化潜在需求为现实需求，从事基于现有市场需求的创业大多是没有机会的。在我国，尽管基于现实需求的创业创新还有一些机会，但现实需求的饱和是很快的，最终有生命力的是供给创新，创造新的需求，实现潜在需求。

二、从"退出"看环境建设

这里的"退出"有两层含义，其一是与"进入"对应的"退出"；其二是与"环境"对应的"退出"。

与"进入"对应的"退出"，是指创业者或新创公司的"退出"。他们为什么要有"退出"的通道和机制？这是因为，其一，他们创业创新的价值需要体现和实现；其二，他们需要扩大规模或再创业的资金，"退出"往往是为了更好地"进入"。经验表明，对于创业创新，经常是"退出"比"进入"更重要，做起来也更困难。所以，好的"退出"机制和"进入"机制一起，构成创业创新环境的重要构件。因此，这里的环境建设，在很大程度上就是讲"进入"和"退出"的机制，以及二者间的对接。

好的"退出"机制在很大程度上取决于"进入"机制。譬如，创业的"进入"是由风险资本支持的，那么，它们的成果转化率，亦即产业化率就会比较高。硅谷和硅溪的经验表明，对于研发新技术的创业，风险资本的投资及其强度从根本上决定创业是否能够成功。2008年，以色列的人均风险资本投资是美国的2.5倍，欧洲国家的30余倍，中国的80倍，印度的350倍。与绝对数相比，以色列这个只有700多万人口的国家，吸引了近20亿美元的风险资本，相当于英国6100万人口所吸引的风险资本，或德国和法国合计1.45亿人口所引入的风险资本总额。这足以表明，以色列风险资本的充足，风险投资行业的发达，进而决定了以色列新创公司的数量和质量。创业创新生态系统中风险资本投资的状况，对创业的"进入"和"退出"的重要性，是怎么估计都不会过高的。

在以色列，新创公司有很高的"周转率"，也就是说，新技术研发成功后迅速地产业化，或在技术市场转让，或新创公司被大公司兼并，创新团队被"连锅端"，抑或在创业板上市。世界顶级的科技公司几乎一半都有过收购以色列人创立或者正在营运的研发中心的经历，单是思科一家公司，就收购了9家以色列的公司。巴菲特曾以 45 亿美元买下了一家以色列的公司。除美国之外，以色列在纳斯达克上市的公司比全世界任何一个国家都多。由于新创公司都是在风险资本的投入下开始创业的，风险资本投资的机制就决定了新创公司创新成果的"退出"机制，或产业化机制。

与"环境"对应的"退出"，是指政府的"退出"，也就是政府职能的重新定位。这是当下和未来一个时期，中国创业创新环境建设的"重头戏"。改革开放以来，政府"退出"是"三步曲"：第一步，退出政府创业。在计划经济时期，中国基本没有民间创业，都是国家创业，具体表现为政府创业，政府建钢铁厂、纺织厂和化肥厂等，创造财富，安排就业。这一页已经翻过去了。第二步，退出政府干预创业。在体制转型时期，政府对创业的作用主要表现在审批上，也就是民间的创业项目要经过政府审批，在许多行业创业都要经营许可。本届政府以来，大规模取消审批和许可，降低创业门槛，是一项深得民心的工作。所以，政府干预创业这一页也快要翻过去了。第三步，政府营造创业环境。不过，政府出于什么目的、用什么手段营造创业创新环境，也表现了不同的观念和体制性因素的影响。

先来看在营造创业创新环境的问题上，哪些政府职能没有太大争议？基础研究的规划、组织和投入是政府职能，没有太大的分歧，不过，政府要做好这项工作，需要广泛动员社会力量参与才有可能，尤其是战略科学家的作用。还有就是知识产权保护。这首先是一个立法、司法的问题，政府还要加强必要的监管。除此之外，好像该政府做的并不多。以此反思，就会发现，我们政府确实管得太多了，应该"退出"。例如，那些产业化阶段的投入，政府是否需要做？又如，产业化究竟由谁来组织。过去，政府做了不少产业化的组织工作，代价呢？效果呢？得不偿失的比重很高。在产业化方面，政府进入应该有一个刚性的原则，那就是，一旦有了盈利模式，开始盈利，政府就要着手退出。比如，不是政府不可以搞孵化器，不可以投入风险资本，一旦孵化器和风险资本盈利了，政府就应该退出。这是一条国际经验，也被许多实践证明有效。

特别需要强调，产业化的组织者是且只能是创业者、投资家和企业家。科学家的发现、工程师的发明，都是他们主导的产业化过程的投入要素。产业化的核心问题是连接供给和需求。如上所述，在当下，有效需求不足、供给能力过剩几成常态，需求亦更多地表现为潜在需求，因此，主要依靠需求导向的经济运行机制正在发生悄然变化，供给创新、供给创造需求往往成为解决问题的关键。这进一步表明，创新通常内在于创业活动之中，没有创新的创业是很难成功的。创新成为经济活动的源动力，供给侧的源动力。经济活动的长期动力或持续动力来自供给侧，通常是指内生于经济体系的技术变革，有着边际报酬递增特征的人力资本和企业家精神或创业创新精神。经济学意义上的创新自提出起，就是和企业家精神画等号的。企业家精神具有主体意义，进而在创造财富和就业的过程中具有决定性和根本性。有国际影响力的科创中心，有活力的创业创新，首要的因素就是企业家精神。

三、生态系统建设的非经济因素

无论在科创中心形成的实践中，还是在既往创业创新的研究中，我们都可以发现，非经济因素，即思想观念、文化氛围和精神力量，对科创中心、创业创新及其生态系统建设有着重要的影响和作用。

对于创业创新，我们的思想观念还有跟不上时代要求的问题。举一个例子。在我们的就业统计中，创业属于自谋职业，还不是一个标准的职业选择，而在以色列或其他发达国家，进军高科技领域，成立一家新创公司，已经蔚为年轻人的一种时尚和追求，成为标准职业道路中的一个重要选择。尽管创业成功的概率在哪里都很低，但只要尝试过，努力过，失败也是值得的。这就不难发现，这里是精神力量在起作用。一个有效的创业创新生态系统都具有集群效应。集群的关键因素一方面是以创新为根基的创业公司和专注于新技术研发的风险资本，另一方面还有更深层次的东西，如各种学科、领域之间的大胆融合；又如，良好的合作意识和团队精神；再如，既相对独立又紧密联系的发展目标和共识。这些东西恰恰在以色列和其他国家做到了，进而形成了创业创新的文化氛围。

创业创新精神就是企业家精神。在以色列，企业家精神已经融入这个国家的国家精神。在不同的国家，受制于自然环境、社会环境、文化传统和现行体制等因素，企业家精神确实有强弱之分，但它是普遍存在的。通过改革和制度设计，使创业创新环境更加有利于创业者、企业家的试错，一方面会激励更多人愿意出来试错，另一方面也会提高他们试错为"对"的概率。由此壮大创业者和企业家的队伍，提高就业增长、经济增长和发展，乃至促进社会全面进步。

有人说，没有必要把创业者看得那么高尚，他们是冲着利益去的。人们的任何经济活动都与利益有关，所以，不能否认创业者有利益动机。但在创业者试错的过程中，利益往往很骨感、很飘渺，倒是精神的执着和坚定是实实在在的。精神有天赋的因素，如风险偏好、崇尚自由等；也有后天环境的倒逼，如资源稀缺、自然环境恶劣（这一点在以色列尤为凸显），但是，这些天赋和倒逼往往在精神强大的创业者、企业家身上得以彰显。也就是说，精神变物质，精神反作用于物质，乃至精神决定物质，是需要条件的。在几乎每一个成功的创业案例里，都无例外地看到创业者、企业家的坚忍和坚持，他们曾有无数放弃的理由，但他们始终都没有选择放弃。

成功创业对创业者特质的要求是多元的，如风险偏好、领导才能和性格坚强，而且现今时代创业项目的复杂性大幅度提高，所以，与个人创业相比，团队创业成为更加普遍的创业形式。然而，团队创业看似可能提高创业的成功率，但是，实际效果却不尽然。这是因为，团队创业有一个成员间合作的难题，尤其是在创业小有斩获时，成员间发生分歧的可能性大大增加，由此就会影响到项目的推进和成功。所以，对团队创业而言，团队精神，尤其是团队主要成员的团队精神，就成为创业能否成功的决定性因素之一。

在谈到以色列人的创业精神时，人们几乎都会联想到犹太人的精神。众所周知，两千多年来，犹太民族在世界各地受到排挤和屠杀，被打散过无数次，丧失了自己的家园。但是，坚定不移的信仰养育了犹太民族坚忍不拔的意志，顽强地生存、工作和发展，最终重建了自己的国家。犹太民族的文化氛围、归属意识、团队精神十分强大，确实在很大程度上得益于宗教信仰，即来自宗教的精神禀赋。从早期的复国再到他们的创业创新，无疑是与犹太人的特有精神相联系的。然而，民族精神与创业创新精神间的联系可能有强弱之分，但不存在有无的问题。

从文化角度研究经济增长不能说是一个热门,已经有一些经济学者涉足。其中一个角度就是企业家精神对经济增长的作用。企业家精神与文化,尤其与宗教的关系,是这一课题的切入点之一,受到研究者的关注。马克斯·韦伯是这个领域的开创者。在现代资本主义的兴起中,资本主义精神起了什么作用?其源泉又在哪里?这是韦伯关注的焦点。

国际公认的韦伯研究专家斯蒂芬·卡尔伯格为《新教伦理与资本主义精神》写了一篇"导读"。在这篇"导读"中,卡尔伯格就韦伯关于现代资本主义兴起,现代资本主义精神起源的思想做了一个梳理。他写道:"尽管《新教伦理与资本主义精神》经常被理解为对现代资本主义的兴起,甚至对我们今天世俗的、都市的和工业的世界的起源提供了说明,但其目的实际上远比这更为谦虚。韦伯希望阐明现代工作伦理和物质成就取向的一个重要来源——他称之为'资本主义精神',是存在于'入世'的功利关切和商业精明之外的领域中的。……韦伯坚称,任何关于资本主义精神起源的讨论必须承认这一核心的宗教源泉。"这里,我们要特别注意"更为谦虚"和"之外的领域"这两个提法,由此就不难发现,韦伯所称的"资本主义精神"(即现代资本主义精神,在韦伯那里,资本主义和现代资本主义是有原则性区别的)其实就是职业精神,包括企业家精神、创业创新精神，产生的是激励作用；他承认的"宗教源泉"的背后就是新教伦理，就是清教徒的禁欲主义，产生的是约束作用。因此，"新教伦理和资本主义精神这二者在促进现代资本主义兴起上发挥了重要的推动作用"。

韦伯使用排除法，试图证明新教伦理在现代资本主义起源中的决定性作用。他指出，资产阶级的经济利益不能导致资本主义精神（即职业精神）的产生。通过比较案例的考察，他认为，有利的技术和科学创新、人口变迁，以及气候和其他一些因素确实存在于中世纪的西方，也曾存在于古代世界以及中国和印度的一些年代——然而，现代资本主义却没有首先出现在这些文明中。进而，他坚信，资本主义精神具有非常重要的非经济的和非政治的根源，亦即文化的根源。这一结论并没有错，但新教伦理是否唯一的源泉就另当别论了。尤其是职业精神的传播，并成为职业群体普遍的行为操守，肯定是不能由新教伦理作为唯一解释的。从某种意义上说，现代资本主义就是一个创业创新的过程，他的思想恰好从一个侧面印证，精神力量对于创业创新的成功经常是决定性的。

（在中国浦东干部学院的演讲，原载《解放日报》2015 年 9 月 21 日，标题为《创新这条"鱼"，需要怎样的"水"》）

在中国，如何认识企业家

　　如果从主体的角度观察现阶段的社会主义市场经济体制，不难发现，企业家阶层是一个明显的"短板"。当然，在任何情况下，企业家都注定是最为稀缺的要素，在当下的中国，这个问题有着特殊性和紧迫性，所以，今天我们专门探讨这个话题。

一、成功企业家的一个"理论模型"

　　中国的改革开放造就了一批成功的企业家，他们中的代表人物是：马云、马化腾、王石、冯仑、刘永好、宗庆后、柳传志、黄怒波、潘石屹等。他们能从众多的创业者中脱颖而出，是我们这个时代的骄傲。成功企业家的产生是一连串试错的结果，这些试错结果为"对"的事件，都是小概率事件，而且是多个小概率事件的"积"。根据我的观察并结合相关文献，我试图提出所谓成功企业家的一个理论模型，即成功企业家等于三个小概率事件的乘积。

　　第一个小概率事件是创业。这里，创业是一个复数，即成功企业家需要 N 次创业；创业内含着创新，我们现在经常将创业创新联系在一起，视为同一件事，这是对现实的准确反映。在中国改革开放发端的特殊时期，商品短缺比较普遍地存在，所以，那个时期只要有胆量、能吃苦就能创业，并都有不同程度的斩获。在今天这个全面过剩的社会，没有创新的创业是很难想象的。在人群中，即便在有创业意愿的人群中，最终能够成为创业者的都是一个小概率。创业者至少具有三个特质：风险偏好，心理学的实验表明，人群中风险偏好类型远少于风险规避类型。组织才能，即阿尔弗雷德·马歇尔说的第四个生产要素 organization，这里组织才能包括决策的能力、知人善任的能力等。激情或好奇心，一如上述，创业内含着创新，在熊彼特那里，创新是创业者、企业家的特质。熊彼特意义上的创新是生产函数的改变，亦即投入要素组合的革命性改变。愿意不断作出改变的人，通常充满激情或好奇心。

如果说创业是主观行为，是对自身是否具有创业才能的试错，那么，它必须和客观环境结合，才能产生具体的结果，这就有了第二个小概率，那就是市场，创业者要对市场需求试错。在全面过剩的社会，发现新的市场需求是小概率事件。这里至少有两个问题，其一，极好的方向感，具有把握需求及其演变的能力。在现实生活中，好的创业者和企业家往往有这种方向感，从这个意义上说，产业发展的内生动力来自创业创新。其二，这一需求是否存在盈利模式。很多创业者都有看起来很不错的想法，但就是没有能够达到盈利水平的规模，坚持一段时间，把能"烧"的钱都"烧"了，也就完事了。当然，你也可以把别的厂商的供给变为你的供给，但你凭什么呢？在竞争比较充分的行业，你只能依凭技术创新、模式创新，抑或某个诀窍，有可能做到这一点。但是，在技术、资本门槛或其他管制条件较高的行业，这谈何容易。所以，这也是一个小概率事件。

　　完成了这两次试错，你可以成为一个通常说的老板，但你距离成功的企业家还有很远。第三次试错，就要对你的人格进行试错。多年前，我看吴晓波的《大败局》，颇感意外的是，这些陷入败局的企业家都是民营企业家，他们为什么盲目扩张，直到把企业做垮？我思来想去，这可能就要用人格缺陷来解释了。外部环境的冲击可能击垮一些企业，但企业最终是垮在自己手里的。这是不止一位老板告诉我的。常见的缺陷有哪些呢？第一，自我膨胀，盲目扩张导致出局，是自我膨胀的结果。第二，过度的投机心理，在转型时期的中国，最容易产生不当的政商关系，这是过度投机的典型表现，倒在政商关系上的企业不在少数。第三，老板们自身的陋习或恶习，这些不良习性在财务状况尚好时都不是问题，当遇到危机时，就成为压垮他们的最后一根稻草。所以，企业家要过人格关，用马克斯·韦伯的话来说，就是要在激励和约束之间找到平衡。

20世纪初，韦伯在《新教伦理与资本主义精神》一书中阐述了理想的企业家类型。他写道，他们"具备鲜明的和较高的道德品质，以及远见卓识和行动能力"；"工于算计而闯劲十足，更重要的是，他们节制有度，守信可靠，精明强干，全力投入事业之中"；"只有性格异常坚强的新型企业家，才不致丧失自我克制力，才能免遭道德与经济上的双重覆灭"。可见，在成功企业家身上应该是激励和约束两种企业家精神的完美结合。但中国的现实情况是，整个社会的试错激励及其他相关激励均有不足，阻碍了企业家第一种精神特征的发挥。法律约束、道德约束和信仰约束的缺失，使得企业家应该具备的第二种精神特征也表现平平。也就是说，能通过人格试错的企业家更是凤毛麟角，这就是第三个小概率事件。

能否通过大数据技术，分别得到这三个小概率的具体数据，我现在不得而知，但这三个概率很小且相乘后更小是不争的事实。这也就是为什么我们在现实生活中看到的成功企业家是一个极小众群体的原因。这个极小众群体对人类社会的重要性是无需赘言的。然而，经验表明，不同的文化传统和体制（制度）环境，将直接影响上述概率；或者说，在不同的文化传统或体制环境中，创业试错、需求试错和人格试错的可能性有大小之分，成功的可能性就更是有大小之分了。所以,外部因素的变化和改善,将提高创业者、企业家试错和成功的可能性,这对于人类社会的重要性同样不言而喻。

二、中国的文化传统和体制环境制约了企业家成长

中国长期处于农耕文明,存在并流行对工商业的严重偏见,重本抑末即重农抑商的观念和政策长期占主导地位。在那个时期,社会生活中也活跃着一些工商业者,但他们基本没有社会地位,他们的作用也没有得到正确认知和重视。尽管到了农耕文明的后期,中国出现了徽商、晋商等地域性的商人群体,他们的经济实力已相当可观,但是,他们仍然游走于社会边缘,不被主流社会所接纳。传统社会中"无商不奸"这个成语折射出农业文明对商业文明和工商阶层的歧视。这除了有中国自然条件和农业生产在当时十分重要的因素外,也和封建统治者担心商人势力强大,威胁其政权有关。在传统的中国社会,"学而优则仕"是通向高层权力和荣华富贵的捷径,商人则为四民(士、农、工、商)之末,这就是传统的中国社会结构。当然,随着市场经济的发育成熟和深入人心,这种观念及相关政策会发生深刻变化,但是,几千年流传下来的影响仍然不可小觑,它们渗透在社会生活的方方面面,甚至溶于人们的血液中。

19世纪末20世纪初,随着现代工商文明的"西风东渐",中国

出现了可谓企业家的群体，他们中的代表人物是盛宣怀、陈光甫、卢作孚、张謇、刘鸿生、张元济等。由于长时间外部侵略和内部战乱，他们的事业大多处于颠沛流离的不稳定状态。即便如此，他们仍然是中国第一批现代意义上的企业家。他们不仅经营有术、创业有成，而且办教育、办医院，投身公益，致力于推动一个保障企业发展的制度环境。这是他们创造历史的过程，也是自我塑造的过程。他们将永远彪炳中国经济社会发展的史册。

为什么在中国的经济活动中政府显得特别重要，在某些时期或地区，大有缺之经济活动就将停滞之势？一个重要的、根本的原因是企业家阶层的缺失。我们在讨论政府和市场关系时，经常说政府越位，它为什么会越位？是因为企业家缺位，严重地缺位。在计划经济时期，全国的经济活动只有一个"操盘手"即中央政府，自不必多言。在计划经济向市场经济转型时期，市场开始发育，创业创新活动也日渐活跃，但是，市场主体，尤其是企业家主体还远不能担当资源配置的重任，因此，一个庞大的、多层级的地方政府走到了经济活动的中央。我们不否认在那个特定的时期，这有一定的合理性。但是，如果认为这就是常态，中国的经济体制就是所谓由中央政府、地方政府和企业组成的"三维体制"，政府尤其是地方政府要持续地存在于微观经济活动中，那么，与成熟市场经济相适应的企业家阶层，乃至中国的社会主义市场经济体制就可能永远难以形成，更不可能完善。

为什么在中国经济中畸形的、不正当的政商关系严重存在，一方面寻租盛行、官员腐败，另一方面具有社会责任、精神追求和企业家意识的企业家少之又少，和中国的经济总量不匹配，和中国的大国地位不匹配？这里，一个重要的、根本的原因是企业家阶层成长的环境不健康。对此，可以分别从政府和企业家两个角度看。由于重要资源掌握在政府手中，由于行政审批和管制的大量存在，企业家就难免通过寻租的手段获得资源、提高效率。这就解释了为什么主管能源、交通、国土等部门的官员腐败案件最为集中。我们的一个悲哀是，敢于说从不贿赂官员的企业家竟成为另类。在商业文明的现代社会，企业家要低声下气地有求于有权有势的政府官员，是极不正常的。经过 30 多年的改革开放，一个曾经消失的企业家阶层重新出现在我们面前，而且掌握了越来越多的经济资源，拥有了越来越多的话语权，然而，他们大多还缺乏精神背景和社会责任，无论手里攥着多少财富，都还显得肤浅，没有底气。今天社会中的种种不正当政商关系，他们也有不可推卸的责任。当然，旧体制、旧制度是问题的症结。我同意冯仑所说，企业家如果不犯点规怎么能冲破旧体制弊端的束缚。如果说企业家有原罪，那主要是旧体制的原罪。

为什么在中国的改革中，国有企业改革始终是一个难解的"结"，至今还未取得最终突破？我认为，这里存在一个两难：国有企业的体制内基本不产生企业家；没有企业家的国有企业是无法真正成为市场主体的。国有企业，尤其是国有独资和国有控股企业，其领导人几无创业活动，也不承担投资和经营风险，甚至他们的遴选、考核和升迁，都意味着他们是准官员，不是也不可能是企业家。有人问，从国企领导到企业家有多远？这其实是一个伪命题。国企领导与企业家之间一般是不存在通路的，除了个别特例。如何通过以混合所有制经济为实现形式的国有企业改革，使绝大部分改制后的国有企业成为有企业家的企业，是摆在我们面前的亟待破题的关键性改革。

在回答了上面三个问题后，我们再来进一步厘清几对关系。首先，在强政府和强国企的双重压力下，创业者或非国企管理者市场试错的机会减少，机会成本很高，这在很大程度上抑制了社会的创业创新意愿，企业家精神得以扩展的基础薄弱。其次，官员与企业家的不正当关系在一定程度上均会抑制企业家精神的发育和企业家的成长。比如，（1）"无私"的官员帮助企业家，会让企业家忘掉了基于市场的自我调整，无锡某些官员与尚德的施正荣、江西某些官员与赛维的彭小峰是典型例证;(2)自利的官员帮助企业家,会引发设租寻租等诸多交易成本,这些高昂的交易成本会降低市场试错的成功概率,而相关受益的刺激驱使企业家疏于对企业创新和人力资本的投入;(3)官员帮助对象的特定化,索贿、敲诈随之而来,这会大大降低个体的创业意愿,诱致极高的企业经营风险;(4)资源的拍卖制度会导致企业家的机会非均等感,抑或企业家的关系投资;(5)规则制定的偏向,会导致企业家的权利非公平感;(6)规则执行的偏向,会导致企业家的(规则)非公平感。凡此种种,不一而足。再次,国企领导者面对政治晋升激励,这种政府官员与国企领导者的同质化激励,无法形成有效的政府与企业家的良性关系。

三、企业家经济是市场经济的成熟形态

彼得·德鲁克在《创新与企业家精神》(1985)一书的"引言"中,直接以"企业家经济"为题,阐述了市场经济演进到企业家经济的背景、由来及其影响。德鲁克指出:"20世纪70年代中期以来,'经济零增长'、'美国限制工业化'及长期的'康德拉季耶夫经济停滞'之类的说法被人奉为金科玉律,在美国十分盛行。然而,事实和数据却证明这些观点完全是无稽之谈……在这一时期,美国的经济体系发生了深刻的变化,从'管理型'经济彻底转向了'企

业家'经济。"德鲁克指出，企业家经济的重要贡献是大幅增加就业。这种就业的增加并不主要来自"高科技"，而是来自"企业家管理"这种"将知识全新地应用到人类工作中去的结果"——企业家的企业。德鲁克将这种建基于"企业家管理"的经济现象归结为企业家经济。他指出："在美国，我们拥有一种崭新的经济，一种企业家经济。"根据德鲁克的理解，企业家经济显然是一种更加成熟、更加有生命力的经济形态，或者说是更加成熟的市场经济。

这场国际金融危机以后，美国经济复苏为什么好于欧洲、日本，其中一个重要原因就是因为美国实体经济中的创新，亦即经济活动中的企业家精神优于欧洲和日本。新兴经济体与发达经济体的差距，一个重要的方面就是在经济活动中创新和企业家精神没有到达相应的层级。德鲁克说："迄今为止（指1985年），企业家经济还纯粹是一种美国现象。"这句话不无美国式自负，但多少还是道出了实情。我认为，对于任何国家，从市场经济演进到企业家经济具有内在的规律性，这是现有经验可以佐证的事实。

中共十八届三中全会指出，经济体制改革仍然是全面深化改革的重点，经济体制改革的核心问题仍然是处理好政府和市场关系。习近平总书记说，进一步处理好政府和市场关系，实际上就是要处理好在资源配置中市场起决定性作用还是政府起决定性作用这个问题。对于这个问题，中共十八届三中全会提出的一个重大理论观点是，使市场在资源配置中起决定性作用。那么，接下来的问题是，起决定性作用的主体是谁？答案应该是十分明确的，那就是企业家，以及那些正在努力成为企业家的企业主或企业的领导人。企业家尤其是成功企业家在资源配置中起决定性作用的比重比较高，可以视为市场经济体制成熟度的一个显示性指标。强调市场在资源配置中起决定性作用的重要用意，比较多地被解读为深化市场化的改革，这当然没有错，但应该认为还有另一个重要用意，就是要解决经济持续增长的动力问题。

中国经济在经历了30多年的高增长后，因为增长条件和环境正在发生深刻的变化，因此，必须进行艰苦的增长和发展方式转型。在转型的同时，我们仍然需要保持7%—8%的增长速度，这是既定的发展目标的要求，更是保证中国社会经济持续稳定发展的要求。显然，我们有着充足的增长空间——中国的人均GDP大约是美国的1/9、欧洲的1/6；人均资本存量不到美国的1/10、韩国的1/4。与此同时，城市化、产业升级、地区间落差和民营经济成长都是巨大的增长空间。但是，在冷静的观察和思考以后，我们发现，中国经济增长的动力存在衰减乃至不足的问题。

经济学的研究表明，现代经济增长的动力主要来自：内生于经济体系的技术变革，有着边际报酬递增特征的知识资本和企业家精神。这里，企业家精神具有起决定性作用的主体意义，进而具有根本性。企业家精神作为经济增长的动力，具体表现在：企业家具有将储蓄转化为有效投资并形成资本的能力；企业家的创业和创新是吸纳就业、提高居民收入的主渠道；企业家通过对需求的不断"试错"以发现市场，转化潜在需求，由此促进消费增长。苹果公司的案例强有力地说明，企业家是创造市场、刺激投资和消费的源泉；企业家通过自身的创新，实现产品和服务的升级，增强出口的竞争力。中国目前尚缺乏企业家健康成长的土壤和环境，这也从一个侧面解释了为什么在中国经济中政府扮演着非同寻常的作用。然而，在竞争性领域，事实上，经济活动的大部分领域是竞争性的，政府投资替代和挤出民间投资，政府干预替代和挤出企业自主经营的后果是不言而喻的。这是中国经济不能继续重蹈的覆辙。要到这一点，唯有还企业家精神以应有的地位，营造和优化创业创新、企业家成长的制度环境。

最后，我再引用一段韦伯的话，作为今天演讲的结束语。他说："现代资本主义扩张的动力问题，首先并不是用于资本主义活动的资本额的来源问题，而是资本主义精神的发展问题。只要是资本主义精神出现并能发挥作用的地方，它就能生产自己的资本和货币供给，以之作为达到自身目的的手段，不过，反之则不正确。资本主义精神进入历史舞台通常不是一帆风顺的。怀疑，或者仇恨，尤其是道德义愤，如洪水猛兽般冲向首位革新者。"这里，资本主义精神就是指企业家精神；革新者（原文为 innovator）应译为创新者，也就是企业家。

（在上海大学的演讲，原载《解放日报》2014 年 7 月 5 日，标题为《中国缺企业家，还是企业家精神？》）

START-UP AND INNOVATION THE PATH OF CHINA'S ECONOMIC TRANSFORMATION

解析"双创"

解构创业

这些年来，人们把以色列与创业紧密地联系在一起，和一本书——《创业的国度——以色列经济奇迹的启示》（中信出版社2010年版）有很大的关系。我买的是该书2015年2月第36次印刷的，可见其畅销程度。不过，我对这个创业国度的认知，还和最近带EMBA学生去以色列游学有关，也验证了"读万卷书，行万里路"的道理，知识一旦和见识结合，认知似乎就更深刻一些了。

一、创业试错的三个维度

什么是创业？标准答案肯定没有，有人说创业是马拉松，有人说创业是一种生活方式。创业的本质是什么？答案也不是唯一的。我以为，创业的本质是试错，成功率极低的试错。这既是经济过程的初始活动，又是贯穿于经济过程的循环活动。

市场经济始于民间创业，也就是说，在市场经济的原生状态中，人们首先看到的就是创业，伴随着创业和再创业，财富和就业的创造成为可能。计划经济始于国家创业，政府创办各种工厂，诸如钢铁厂、纺织厂，生产产品，安排就业。但是，在过去和现在的条件下，计划经济体制都不可能有效配置资源，进而成为改革和转型的对象。因此，市场经济成为唯一的选择，民间创业成为经济活动的原生态。然而，一次创业试错为"对"的概率很低，需要进行多维度的 N 次试错，而且需要更多的创业者出来试错，现在提出"大众创业，万众创新"，就是这个意思。

创业试错的第一个维度要解决"人"对不对的问题，即创业者试错。创业者至少具有三个特质：其一，风险偏好，心理学的实验表明，人群中风险偏好类型远少于风险规避类型；其二，组织才能（亦即领导才能），即阿尔弗雷德·马歇尔说的第四个生产要素 organization，这里组织才能包括决策的能力、用人的能力等；其三，性格乖张，如有激情、不安分、崇尚自由和好奇心强。无论风险偏好、组织才能，还是这些性格特点，都是人身上的潜质，创业者将在创业试错中表明具备或不具备这些特质。当然，面对今天复杂的创业项目和创业环境，团队创业渐成主流，这是为了产生特质间的互补效应。

创业试错的第二个维度要解决正确的"人"是否在做正确的"事"，即需求试错。在全面过剩的社会，发现新的市场需求，并找到相应的盈利模式，是小概率事件。在现实过程中，需求试错是和创业者试错交织在一起的。这是因为，需求试错同样对创业者的能力提出要求：具有极好的方向感，具有把握和预见需求及其演变的能力。因此，需求试错为"对"，是正确的"人"找到了正确的"事"。

这两个试错的结果均为"对"，你可以成为一个通常说的老板或企业主，但你距离成功的企业家还有很远。"不想当元帅的士兵不是好士兵"，试错还在继续。第三个维度的试错，决定创业者能否成为企业家，这就要对人格进行试错。多年前，我看吴晓波的《大败局》（浙江人民出版社2001年版），颇感意外的是，这些陷入败局的企业老板，都是民营企业的当家人。他们为什么盲目扩张，直到把企业做垮？我思来想去，这可能就要用人格缺陷来解释了。外部环境的冲击可能击垮一些企业，但企业最终是垮在自己手里的，这是一位老板告诉我的。那么，企业主常见的人格缺陷有哪些呢？自我膨胀，盲目扩张导致出局，是自我膨胀的结果；过度投机，在转型期的中国，最容易产生不当的政商关系，这是过度投机的一个典型表现，倒在政商关系上的企业主不在少数；还有老板们自身的陋习或恶习，这些不良习性在财务状况尚好时不是问题，但当遇到危机时，就成为压垮他们的最后一根稻草。所以，企业家要过人格关，照马克斯·韦伯的意思，就是要在激励和约束之间找到平衡。

上世纪初，韦伯在《新教伦理与资本主义精神》（社会科学文献出版社 2010 年版）一书中阐述了理想的企业家类型。他写道："他们在艰难困苦的环境中成长起来，同时既精打细算又敢作敢为，尤其是冷静、坚定、精明、全心全意地献身于他们的事业，并且固守着严格的中产阶级的观点和'原则'。"（第 40 页）"这一理想类型的雇主羞于炫耀，并避免一切不必要的开销，也不对自己的权力沾沾自喜。进而，接受作为他们普遍社会声望之证据的许多奖赏使他们感到窘迫。换言之，他们的生活常常带有某种禁欲的特征……这其实是一种本质上比他以如此审慎的方式向他人推荐的秘密的更加诚实的谦虚，这种谦虚在他身上不是罕见，而是常态。他从他的财富中为自己个人'一无所获'，而只得到了一种'成就了他的职业'的非理性的感觉。"（第 40—41 页）他指出在成功的企业家身上应该是激励和约束两种企业家精神的完美结合，是把握到了问题的要害。不过，中国的现实情况是，整个社会的试错激励及其他相关激励均有不足，阻碍了企业家第一种精神特征的发挥。法律约束、道德约束和信仰约束的缺失，使得企业家应该具备的第二种精神特征也表现平平。也就是说，人格试错为"对"的企业家更是凤毛麟角。

这些试错结果为"对"的事件，不仅都是小概率事件，而且是独立的小概率事件，因此，它们之间是相乘的关系。由此，我试图提出一个成功企业家的理论模型，即成功企业家的概率＝创业试错为"对"的概率 × 需求试错为"对"的概率 × 人格试错为"对"的概率。假定每个小概率均为 1%，三个小概率事件的乘积为百万分之一，成功企业家之稀缺也就不难想见了。

二、创业与创新

创业和创新是什么关系？这是解构创业必须回答的问题。

熊彼特最早提出的创新（innovation），原意是指企业家对生产要素组合的改变，甚或是革命性、破坏性的改变，将资源配置从一个较低效率的状态带到较高效率的状态。他将这个意义上的创新等价于企业家精神。这里的企业家（entrepreneur）包括创业者。创新可以是独立于创业的活动，也可以是内在于创业的活动。但是，今天的创业一般都内含着创新，基本原因有二，一是由于市场经济和产业革命的交织作用，全球范围内已形成供给大于需求的基本格局，供给全面过剩，有效需求不足成为常态；二是随着收入水平的提高，需求从相对确定转变为相对不确定，不确定购买对象的潜在需求在总需求中的比重日益上升。因此，一方面需求试错凸显其重要，另一方面不内在供给创新的创业很难对接新的需求，进而是很难成功的。

就像在以色列这样一个 700 多万人口的国家，市场需求的规模有限，基于某个确定的市场需求的创业已几无空间。与此同时，在以色列，一些原本为劣势的环境因素：自然资源短缺，尤其是水资源短缺；自然环境恶劣，沙漠占国土面积的比重为 67%，几乎到了人类难以生存的境地，却在产生积极的倒逼作用，进而基于新技术研发的创业，即推动供给创新的创业，一直是以色列创业活动的主要内容。

人们现在语境中的创新已经是广义的，既包括科学发现（discover）、技术发明（invention），甚至还有文化创意（creative）与企业家创新。这四个方面都有各自的领域和对象，其成功的衡量标准各异。但是，如果以产业化来整合这四个要素，我们就很容易发现，企业家创新是这个过程中的决定性要素。产业化的组织者是且只能是企业家，科学家、工程师的创新（准确地说，就是发现和发明）是企业家创新的组成部分，更准确地说，科学家和工程师的创新成果是企业家主导的产业化的投入要素。产业化的核心问题是连接需求和供给，其间就要处理好需求导向和供给创新的关系。

在市场经济国家，过去很长时间，需求导向是经济增长、产业发展的主要路径，它的优点是比较可靠，缺点是有滞后效应。然而，如上所述，在现今社会，需求表现出来的两个特征表明，一个国家、一个地区、一个企业，要想在这一格局的竞争中取胜，不仅要着眼于现实需求，更要通过供给创新的不断试错，创造新的需求，并将潜在需求转化为现实需求。谁在这个试错和转化中得到先机，谁就能得到更大的市场份额，进而获得更大的竞争优势。所以，考虑到需求导向的缺点，考虑到动态的技术进步和企业家精神，那么，供给创新就成为解决问题的关键，是我们转型发展的必然选择。

供给创新的动力就是现代经济增长的原始动力，即供给侧的动力，其主要来自：内生于经济体系的技术变革，有边际报酬递增特征的知识（人力）资本和企业家精神——创业创新精神。这里企业家精神具有主体意义，进而具有根本性。企业家精神作为经济增长的动力，具体表现在：企业家具有将储蓄转化为有效投资并形成资本的能力；企业家的创业和创新是吸纳就业、提高居民收入的主渠道；企业家通过对需求的不断试错，以发现新的市场，转化潜在需求，由此促进消费增长。苹果公司的案例强有力地说明，企业家是创造市场、刺激投资和消费的源泉；企业家通过自身的创新，实现产品和服务的升级，增强出口的竞争力。所以，为"大众创业，万众创新"创造良好的环境，让更多的人投入创业创新的试错，并提高他们的成功率，就将为经济社会的可持续增长和发展提供强有力的保证与支撑。

创业通常需要内在创新；原始创新通常在创业中产生。这就是它们之间关系的要义。

三、创业中的物质与精神

解构创业，不能不谈谈创业过程中物质与精神的关系。创业是物质的活动，但创业能否成功往往是由精神决定的。

创业需要物质条件，这是不言而喻的。在以色列，高度发达的风险投资基金是创业者的绝佳物质条件。《创业的国度》告诉我们：2008年，以色列的人均风险资本投资是美国的2.5倍、欧洲国家的30余倍、中国的80倍、印度的350倍。与绝对数相比，以色列这个只有700多万人口的国家吸引了近20亿美元的风险资本，相当于英国6100万人口所吸引的风险资本或德国和法国合计1.45亿人口所引入的风险资本总额。（第11页）无论是技术创新，还是模式创新（譬如，将线下经营的业务转到线上），"烧钱"阶段都是必须经历的。

如果说风险投资解决的是创业的进入问题，那么，创业者和投资人一旦成功，他们的创业利润如何退出，或如何支持他们增加投入呢？这是另一个重要的物质条件。在以色列，新创公司有很高的"周转率"，也就是说，新技术研发成功后迅速地产业化，或在技术市场转让，或新创公司被大公司兼并，创新团队被“连锅端”，抑或在创业板上市。“世界顶级的科技公司几乎一半都有过收购以色列人创立或者正在营业的研发中心的经历，单是思科一家公司就收购了9家以色列的公司”（第15页），巴菲特就曾以45亿美元买下了一家以色列的公司。“除美国之外，以色列在纳斯达克上市的公司比全世界任何一个国家都多”（第11页）。

这些物质条件固然重要，但创业的本质是试错，能否在N次失败面前选择坚持，就是精神力量在起作用，进而成为最终成功的关键。《创业的国度》的作者之一，索尔·辛格在为我们讲课时特别强调，对于创业者来说，一个想法、一个点子并不是最重要的，面对任务的态度、面对困难的坚持更加重要。是什么在支撑、支持着创业者，辛格认为，是持续的精神力量。他说，在以色列，还有在国防军服役时得以养成和提升的意志品质。

有人说，没有必要把创业者看得那么高尚，他们是冲着利益去的。人们的任何经济活动都与利益有关，所以，不能否认创业者有利益动机。但在创业者试错的过程中，利益往往很骨感、很飘渺，倒是精神的执着和坚定是实实在在的。精神有天赋的因素，如风险偏好、崇尚自由等；也有后天环境的倒逼，如资源稀缺，自然环境恶劣（这一点在以色列尤为凸显），但是，这些天赋和倒逼往往在精神强大的创业者、企业家身上得以彰显。也就是说，精神变物质，精神反作用于物质，乃至精神决定物质，是需要条件的。在几乎每一个成功的创业案例里，都无例外地看到创业者、企业家的坚忍和坚持，他们曾有无数放弃的理由，但他们始终都没有选择放弃。

一方面，成功创业对创业者特质的要求是多元的，如风险偏好、领导才能无一能少；另一方面，现今时代创业项目的复杂性大幅度提高，所以，与个人创业相比，团队创业成为更加普遍的创业形式。然而，团队创业看似可能提高创业的成功率，但是，实际效果却不尽然。这是因为，团队创业有一个成员间合作的难题，尤其在创业小有斩获时，成员间发生分歧的可能性大大增加，由此就会影响到项目的推进和成功。所以，对团队创业而言，团队精神尤其是团队主要成员的团队精神，就成为创业能否成功的决定性因素之一。

在谈到以色列人的创业精神时，人们几乎都会联想到犹太人的精神。众所周知，两千多年来，犹太民族在世界各地受到排挤和屠杀，被打散过无数次，丧失了自己的家园。但是，坚定不移的信仰养育了犹太民族坚忍不拔的意志，顽强地生存、工作和发展，最终重建了自己的国家。犹太民族的文化氛围、归属意识、团队精神十分强大，确实在很大程度上得益于宗教信仰，即来自宗教的精神禀赋。从早期的复国再到他们的创业创新，无疑与犹太人的特有精神相联系。然而,民族精神与创业创新精神间的联系,可能有强弱之分,但不存在有无的问题。

从文化角度研究经济增长不能说是一个热门,已经有一些经济学者涉足。这里一个重要的角度就是企业家精神对经济增长的作用,而企业家精神与文化尤其与宗教的关系,是这一课题的一个重要切入点,受到研究者的关注。马克斯·韦伯则是这个领域的开创者。在现代资本主义的兴起中,现代资本主义精神起了什么作用?现代资本主义精神的源泉在哪里?这是韦伯关心的焦点。

国际公认的韦伯研究专家斯蒂芬·卡尔伯格为《新教伦理与资本主义精神》写了一篇"导读"。在这篇"导读"中,卡尔伯格就韦伯关于现代资本主义兴起、现代资本主义精神起源的思想做了一个梳理。他写道:"尽管《新教伦理与资本主义精神》经常被理解为对现代资本主义的兴起,甚至对我们今天世俗的、都市的和工业的世界的起源提供了说明,但其目的实际上远比这更为谦虚。韦伯希望阐明现代工作伦理和物质成就取向的一个重要来源——他称之为'资本主义精神',是存在于'入世'的功利关切和商业精明之外的领域中的……韦伯坚称,任何关于资本主义精神起源的讨论必须承认这一核心的宗教源泉。"(第306页)韦伯所称的"资本主义精神"(即现代资本主义精神,在韦伯那里,资本主义和现代资本主义是有原则性区别的）其实就是职业精神，包括企业家精神、创业创新精神，产生的是激励的作用；他所要承认的"宗教起源"的背后就是新教伦理，就是清教徒的禁欲主义，产生的是约束的作用。因此，"新教伦理和资本主义精神这二者在促进现代资本主义兴起上发挥了重要的推动作用"（第 308 页）。

韦伯使用排除法，试图证明新教伦理在现代资本主义起源中的决定性作用。他指出，资产阶级的经济利益不能导致资本主义精神的产生。通过比较案例的考察，他认为，有利的技术和科学创新、人口变迁，以及气候和其他一些因素确实存在于中世纪的西方，也曾存在于古代世界，以及中国和印度的一些年代——然而，现代资本主义却没有首先出现在这些文明中。（第 319 页）进而他坚信，资本主义精神具有非常重要的非经济的和非政治的根源，亦即文化的根源。现代资本主义就是一个创业的过程，他的思想恰好印证了创业的成功最终是由精神决定的。

因此，创业的本质是试错；现今的创业大多内含着创新；创业的成功最终取决于精神的力量。

经济学与管理学视域下的"创新"

一、创新理论源于经济学

创新（innovation）一词是经济学的原创，创新理论的鼻祖是经济学家约瑟夫·熊彼特。这两点应该是没有争议的。

现在，创新是一个宽泛的概念，科学发现、技术发明、文化创意乃至制度改革，都谓之创新。即便如此，我们还是要回到熊彼特。他认为，一种发明（invention）只有当它被应用于经济活动时，才成为创新。一个创意（creative），一个想法（idea），莫不如此。所以，创新不是一个技术概念，而是一个经济概念。在熊彼特看来，经济活动的主要推动力是企业家精神。企业家才能把生产要素带到一起并组合起来，这个思想源于阿尔弗雷德·马歇尔；企业家精神则是不断地进行创造性、革命性的要素重组即创新，这是熊彼特思想的精髓。资本（物质资本和人力资本）和技术都是企业家为了实现"新组合"，把各项生产要素转向新用途，把生产引向新方向的一种杠杆和控制手段。资本和技术的主要社会功能在于为企业家创新提供必要的条件。

熊彼特在 1912 年出版的《经济发展理论》一书中，提出了创新及其在经济发展中的作用。在那个年代，经济学"宏""微"不分，熊彼特研究的主要问题属于今天微观经济学的范畴，但他建立的发展理论即发展是创新的结果的观点，具有宏观意义。1936 年以《就业、利息与货币通论》为标志的"凯恩斯革命"，创立了宏观经济学。凯恩斯的理论中没有长期，也就没有增长和发展的研究。以后的经济学家在这方面做了大量工作。到目前为止，在增长理论上做出重要贡献的两位经济学家是罗伯特·索洛和保罗·罗默。

20 世纪 50 年代，索洛的研究发现，资本和劳动投入的增长不能解释全部的经济增长，还有一个剩余；他认为，这是技术进步的贡献。但是，他没有解释技术进步带来的生产率的提高是怎么引起的。罗默在 1986 年建立了内生经济增长模型，把知识完整纳入到经济和技术体系之内，使其作为经济增长的内生变量。罗默提出了四要素增长理论，即新古典经济学中的资本和劳动（非技术劳动）外，又加上了人力资本（以受教育年限衡量）与新技术和新思想（用专利来衡量，强调创新）。罗默指出，技术变革速度受到经济体系内在的经济激励的影响，因此，技术进步是内生变量，决定着生产率提高和经济增长的速度。所以，在内生增长理论以后的总量生产函数中，技术和创新几乎是等价的。

罗默还认为，增长和生产力的巨大飞跃是"超级构想"的结果，它能造就新的一代，能传播思想。专利和版权就是英国在 17世纪创造的一个关键的超级构想，同样的还有美国在 19 世纪引进现代研究型大学，20 世纪引进同行竞争性研究资助体系。他写道："我们不知道下一个如何有效支持观点的重大的思想将会是什么，也不知道它会出现在哪里，但是，有两点可以确定：第一，领衔 21 世纪的国家，将会是在私人部门实施创新，并有效支持新思想形成的国家；第二，类似这样的新的超级构想将会形成。"思想既是精神的不竭资源，又是精神追求的结果。创业创新精神，企业家精神以新思想为源泉，新思想和企业家精神又都源于创新活跃的国度。

论及经济学的创新理论，不能不提到的经济学家是已 94 岁高龄的威廉·鲍莫尔。他是自熊彼特之后无可辩驳的创新领域的思想导师。在熊彼特之后，研究创新的经济学家大都走上批评主流经济学的演化经济学道路，而主流经济学又在引入创新研究方面进展缓慢，鲍莫尔则在两者间取得了完美的平衡。他在《资本主义的增长奇迹——自由市场创新机器》中，继承熊彼特的遗愿，肯定了他当年的努力；在《好的资本主义，坏的资本主义》中，鲍莫尔将熊彼特的理论范式运用于资本主义创新增长的实践，是一次新的深入和拓展。在鲍莫尔看来，好的资本主义（即市场经济）的最佳形式就是大企业型和企业家型资本主义的混合。他将创新和企业家行为纳入到他的经济学理论之中。

二、管理学的创新研究

尽管创新的提出在经济学，但关于创新的研究，管理学所做的工作一定是不少于经济学的。这有文献为证。管理学家在熊彼特创新理论的基础上，和经济学家一起开展了进一步的研究，使创新的研究日益精致和专门化，仅创新模型就先后出现了多种，其代表性的模型有：技术推动模型、需求拉动模型、相互作用模型、整合模型、系统整合网络模型等，构建起技术创新、机制创新、创新双螺旋等理论体系，形成关于创新理论的多种解释。

根据笔者陋见，管理学关于创新的研究，既关注企业家精神的研究，又集中于创新环境、条件和机会对创新成功的影响，以及二者的关系。这些都是十分重要的研究内容。因为管理学擅长运用案例研究的方法，所以，在某些行业或企业的研究会得出企业家精神更为重要的结论；在另一些行业或企业的研究则会得出创新环境等更重要的观点。这些结论和观点的互相印证和补充，不断地完善着创新理论及其应用。

在管理学的一个重要领域——战略管理的研究中，有关蓝海战略的研究最接近熊彼特的创新思想，或者说是对创新理论的成功运用。所谓蓝海战略，是要打破价值和成本之间的取舍定律，同时追求高价值和低成本。这就要求企业跨越不同市场或产业之间的界限，将关键竞争元素重新排序和组合，剔除和减少产业一贯比拼，却不增加买方价值的元素，以降低成本，同时增加和创造产业未曾提供的元素，以达到买方价值的突破。尽管这里讲的竞争元素重新排序和组合，与熊彼特的要素革命性重组不完全相同，但思想方法是一致的。

经济学论证说，没有竞争，企业就没有动力去改善其产品和服务，而有了竞争，他们就会被迫改进做法，降低价格，改善产品和服务。《蓝海战略：超越产业竞争，开创全新市场》的作者 W. 钱·金强调，蓝海战略并不认为竞争是个坏东西。与经济学思想不同的是，它也不认为竞争总是好的。在企业层面，竞争的好处是有限的。在供给超过需求时就更是如此。正如目前某些产业中发生的情况一样，激烈的竞争容易对企业组织的获利性增长起破坏性作用；越来越多的企业选择争夺产业已有顾客，从而面临巨大的价格下行压力，利润率日趋收窄，产品出现同质化。如果企业继续争夺在已有市场上的更大份额，而不去扩展或开创市场，这些竞争行为就注定会为企业带来负面的经济后果。这就是为什么蓝海战略认为，企业需要超越竞争，超越在过度拥挤的产业中小幅改进产品或服务的做法，去追求价值创新，开创新的市场空间，改变竞争格局。

可见，蓝海战略强调的价值创新首先是战略创新。对于企业而言，其产品或服务要想赢得市场，技术创新本身往往是不够的。W. 钱·金认为，企业需要的是价值、利润、人员三项主张相互协调的商业战略，价值创新是其核心。而技术创新本身并不是战略。一项技术创新如果不能与具体市场中的买方需求有效对接，便无法形成具有说服力的价值主张。同时，确立和打造强有力的利润主张和人员主张，都超出了技术创新的范畴。由此可见，研发不能取代战略，后者是企业的产品或服务在市场中制胜的关键。而当企业确立了蓝海战略导向后，以买方价值为基础的技术创新则可通过对产品、生产等环节的创新，帮助企业实现价值创新。这个思想的内涵与熊彼特强调他所说的创新是一个经济概念，而不是技术概念，也是一致的。

三、二者共同视域下的创新

熊彼特的创新理论是指通过供给方的变革，亦即通过供给创新，实现对需求的更有效率的满足。蓝海战略的价值创新要求供给方将视线从与对手的相互比拼中转移到买方需求上，通过重塑市场和产业边界，重新定义游戏规则，以彻底甩脱竞争对手。从这里可以看到，供给创新和价值创新是有交集的。

蓝海战略认为，当一项创新淘汰了早先的技术或已有的产品和服务，颠覆现有市场时，就发生了创造性破坏或颠覆现象。"淘汰"这个词很重要，因为没有淘汰就没有颠覆。所谓颠覆与熊彼特关于创造性破坏的概念是相一致的，即旧事物不断被新事物破坏和取代。但是，"颠覆式创新"只是谈到了创造性破坏的可能性。但在现实生活中，很多情况下产业创造并没有破坏、颠覆任何东西，而是纯粹开创了新的产业。比如说，在孟加拉等较为贫困的国家，微金融的新模式并没有颠覆现有的银行体系，却使得没有钱的穷人能够进入金融领域。这种创新就是一种非破坏式的创新。

问题的讨论似乎要聚焦两个层面：如何更有效率地满足需求，更有效率意味着价格更低或使用价值更高；如何创造新需求。前者的道理比较简单。后者亦不复杂，但要结合供需关系的新格局来讨论。过去很长时间，需求导向是经济增长、产业发展的主要路径，它的优点是比较可靠，缺点是有滞后效应。然而，在现今社会，供需格局表现出两个显著特征：其一，在市场经济条件下，有效需求不足成为常态，中国也不例外。其二，随着居民收入水平的不断提高，需求更多地表现为潜在需求。也就是说，在消费者的购买行为中，越来越多的需求是由他们的潜在需求转化而来的。上述两个特征都表明，一个国家、一个地区、一个企业，要想在这一格局的竞争中取胜，不仅要着眼于现实需求，更要通过供给创新的不断试错，创造新的需求，并将潜在需求转化为现实需求。谁在这个试错和转化中得到先机，谁就能得到更大的市场份额，进而获得更大的竞争优势。所以，考虑到需求导向的缺点，考虑到动态的技术进步和企业家精神，供给创新、价值创新就成为解决问题的关键，也是转型发展的必然选择。

当下中国经济的主题是创新驱动发展。首先，创新是供给侧的动力，在现在的语境中，它包括科技创新和企业家精神。其次，驱动什么？驱动可持续的增长和发展，其间需要通过创造需求才能驱动增长。所以，从这个意义上说，创新驱动就是供给驱动，这里供给内含着各种创新的可能性，一方面直接实现市场的现实需求，另一方面通过对新需求和潜在需求的试错及实现，驱动增长和发展。当然，供给创新的成果要通过产业化才能进入市场，才能创造财富、创造就业，那么，产业化的主体是谁？产业化的组织者是且只能是企业家，科学家和工程师的创新成果，准确地说是发现和发明，是企业家主导的产业化的投入要素。产业化的核心问题是连接需求和供给，是供给创造需求，创造能够产生更大（附加）价值的需求。

（原载《上海观察》2016 年 12 月 13 日，标题为《从熊彼特到蓝海战略，什么才是真正的创新驱动》，有删节；《解放日报》2016 年 12 月 13 日，标题为《创新驱动，不只是技术变革的事》）

需求导向，还是供给创新

在讨论经济增长以及决定经济增长的科技创新时，我们总是纠结于需求与供给这一对关系，具体地说就是需求导向还是供给创新的关系。厘清这对关系中的若干问题，将有助于推动创业创新和创新成果的产业化。

一、相关理论及分析框架

讨论经济学这个具有主线意义的关系，需要做一个简要的学说史意义上的回顾。需求与供给是一枚硬币的两面，这枚硬币就是市场。市场上有两股基本的力量：来自需求的力量和来自供给的力量。它们之间的角力，使市场达到某种均衡。然而，这种均衡经常被打破。如果说在 1929 年之前，这种均衡差强人意地维持着，那么，持续多年的大萧条则将其彻底打破了。面对大萧条时期的高失业（1933 年，美国失业率达到 25.2%），凯恩斯说，自由的社会不能承受严重的、持续的失业。长期来看，我们也许能够达到充分就业，但从长期来看，我们已经离开这个世界了。而在近期，如果我们任由失业增长下去，就有可能出现革命。因此，凯恩斯颠覆了经济学在古典和新古典阶段时"供给会创造自己的需求"的定律，革命性地提出需求决定供给的理论。然而，这种只能被短期经验事实证明有效的理论，在长期则失灵了；到了20世纪70年代初"滞涨"的出现，一方面结束了战后资本主义的"黄金时代"，另一方面也打破了需求决定供给的神话。至此，凯恩斯主义面临着来自两个方面的挑战，其一，哈耶克表达了自己对于凯恩斯主义的批评：政府干预扭曲了市场机制，它制造的麻烦比解决的问题多。其二，熊彼特则将目光聚焦在总供给问题上，他不仅抛弃了经济学比较静态分析方法和一般均衡理论，还开启了一个新的学科——动态经济学。从方法论上看，动态经济学引入了时间变量；技术中性（即不变）、创新中性的假设被放松了。内生于经济体系的技术变革、企业家精神进入了经济学的视野。供给侧的经济增长的源动力（还有人力资本）得到了科学的阐释。

对需求导向与供给创新进行政策分析，其可能有两个框架，其一，短期和长期。沿用似乎比较过时的宏观经济政策分析框架，其结论是短期需求导向，长期供给创新。这里短期和长期不是具体的时间，短期即总供给不变，只有总需求变化；长期是总供给也变化。显然，在技术变革如此密集的年代，这个过硬的假设用在政策分析上，显然是不合适的。因此，这个框架不适用。其二，市场与企业。这个框架是建立在科斯的企业理论基础上，"企业是替代市场而产生的"，二者就构成了一对关系。在需求导向和供给创新的关系上，需求导向是比较纯粹的市场决定，供给创新则是一个创业者、企业家不断试错的过程性活动。在完全竞争、信息对称的假设下，市场和企业本质上是等同的，但是，这两个假设都已经被放松了，不完全竞争、信息不对称是经济活动的常态。作为市场经济主体的企业，不仅成为经济研究和分析的基本对象，而且是现实经济活动的决定性力量。我们的分析建立在第二个框架基础上。

二、现实中的需求导向与供给创新

上海最近发布《关于加快建设具有全球影响力的科技创新中心的意见》，其中，总体要求是"五个坚持"，第一个坚持就是"坚持需求导向和产业化方向"，这里产业化方向是从供给角度看问题的。坚持需求导向和产业化方向是强调，科技创新要面向经济社会发展主战场，围绕产业链部署创新链，推动科技创新和创新成果产业化，进而解决经济社会发展的现实问题和突出难题。显然，这里强调需求导向有着深刻的改革意涵，是针对过往的体制机制提出来的；产业化方向则是强调通过加快创新成果转化，突破现实中的"瓶颈"，以实现经济社会的持续增长和发展。

在市场经济国家，过去很长时间，需求导向是经济增长、产业发展的主要路径，它的优点是比较可靠，缺点是有滞后效应。然而，在现今社会，需求表现出两个显著特征：其一，在市场经济条件下，有效需求不足成为常态，中国也不例外。其二，随着居民收入水平的不断提高，需求更多地表现为潜在需求，也就是说，在消费者的购买行为中，越来越多的需求是由他们的潜在需求转化而来的。上述两个特征都表明，一个国家、一个地区、一个企业，要想在这一格局的竞争中取胜，不仅要着眼于现实需求，更要通过供给创新的不断试错，创造新的需求，并将潜在需求转化为现实需求。谁在这个试错和转化中得到先机，谁就能得到更大的市场份额，进而获得更大的竞争优势。所以，考虑到需求导向的缺点，考虑到动态的技术进步和企业家精神，那么，供给创新就成为解决问题的关键，是我们转型发展的必然选择。

当下中国经济、上海经济的主题是创新驱动发展。首先，创新是供给侧的动力，在现在的语境中，它包括科技创新和企业家精神。其次，驱动什么？驱动可持续的增长和发展，其间需要通过创造需求才能驱动增长。所以，从这个意义上说，创新驱动就是供给驱动，这里供给内含着各种创新的可能性，一方面直接实现市场的现实需求，另一方面通过对新需求和潜在需求的试错及实现，驱动增长和发展。当然，供给创新的成果要通过产业化才能进入市场，才能创造财富、创造就业，那么，产业化的主体是谁？产业化的组织者是且只能是企业家，科学家和工程师的创新成果，准确地说是发现和发明，是企业家主导的产业化的投入要素。产业化的核心问题是连接需求和供给，是供给创造需求。

供给创新的动力就是现代经济增长的原始动力，即供给侧的动力，主要来自：内生于经济体系的技术变革，有着边际报酬递增特征的知识（人力）资本和企业家精神——创业创新精神。这里企业家精神具有主体意义，进而具有根本性。企业家精神作为经济增长的动力，具体表现在：企业家具有将储蓄转化为有效投资并形成资本的能力；企业家的创业和创新是吸纳就业、提高居民收入的主渠道；企业家通过对需求的不断试错，以发现新的市场，转化潜在需求，由此促进消费增长。苹果公司的案例强有力地说明，企业家是创造市场、刺激投资和消费的源泉；企业家通过自身的创新，实现产品和服务的升级，增强出口的竞争力。所以，为"大众创业，万众创新"创造良好的环境，让更多的人投入创业创新的试错，并提高他们的成功率，就将为经济社会的可持续增长和发展提供强有力的保证与支撑。

（原载《社会科学报》2015 年 7 月 23 日）

经济增长、营商环境与企业家

　　最近，两位著名经济学家关于市场与政府的争论引起各方强烈关注。常识告诉我们，关于市场和政府各自的作用，首先要确定讨论是基于什么对象，由此才能匡正视角，得出更加精准的结论。经济学家讨论市场和政府作用，当然是在经济活动领域。尽管市场失效，如外部性、公共品和信息不对称，以及市场无法面对的贫困、全球化，都与非经济问题有关；政府作用也不是单一地通过经济手段发生的。然而，大量经验事实表明，对于经济增长和发展而言，市场或者说市场主体，亦即企业家的作用是首要的；对于营商环境而言，政府的作用是首要的。

　　对于经济增长和发展而言，企业家和营商环境的关系是内因和外因的关系。哲学讲内因是指事物发展变化的内在原因，即内部根据；外因是指事物发展变化的外部原因，即外部条件。对于企业家和营商环境来说，二者是动力与条件的关系。当然，这只是二者关系的理论描述，在这个描述中不难看出孰为首要的答案。然而，在现实的经济情境中，或者在诸多的个案中，二者的关系异常复杂，以至于一位有擅长创业创新研究的管理学背景的专家告诉我，研究创业者、企业家和营商环境的关系以及二者的互动，已经成为创业创新领域一个比较热门的话题。他还说，从案例研究的视角看，二者孰为首要确实是不确定的。对此，我们是可以理解的，因为案例研究是个别或特殊。

尽管如此，笔者的观点是，对于经济增长和发展而言，企业家、企业家精神为首要。这是因为，在任何情况下，企业家都是最为稀缺的要素，也就是说，其为首要是由稀缺性决定的。有一位财经评论员写道："企业家精神很重要，但把企业成功都看成所谓企业家禀赋、精神的产物，仿佛'天生我才'，就失之偏颇。其实很多企业家最初的想法都不是办企业，有的动机也很简单。"企业家源于创业者，创业就是试错，对自身是否具有创业才能进行试错，同时还要对市场需求试错，这两个试错都为"对"的概率很低，所以，企业家最初的想法都不是办企业，是因为在创业之初他们确实没有底。至于动机，关键是作为创业者他们有动机，大多数人没有动机，或是即便有也不敢试错；动机简单就对了，复杂了就什么都做不成。

承认不承认企业家才能、企业家精神是"天生我才"，就更是一个大是大非的问题。曾经有人将商学院说成企业家的摇篮，这是一个经典的无知。商学院是且只能是职业经理人的摇篮，创业者和企业家可以到商学院接受教育或培训，进行知识和能力的完善，但他们不是商学院造就出来的。创业者和企业家可以来自各种教育背景，甚至辍学者。更为重要的是，成功企业家除了创业试错和需求试错，还要通过人格试错，试错为"对"，就是能够在激励和约束之间找到平衡，这更是一个小概率事件，现实中成功企业家凤毛麟角就是佐证。成功企业家身上应该是激励和约束两种企业家精神的完美结合。正因为如此，他们创造了巨大的财富和就业，实现了伟大的社会责任。

对于经济发展，企业家和企业家精神的首要，还体现在他们是现代经济增长的主要动力之一。经济学的研究表明，现代经济增长的动力主要来自：内生于经济体系的技术进步，有着边际报酬递增特征的知识资本和企业家及企业家精神。这里，企业家及企业家精神具有主体性，进而具有根本的决定性作用。如果不是这样认识问题，而是将产业政策、刺激政策等似是而非的东西视为动力，那么，我们今天所看到的发展方式粗放，产能过剩严重，寻租腐败盛行，就将如影随形，挥之不去。这些当然不是我们愿意看到的。

营商环境对于经济增长和发展，对于创业者和企业家多重试错的重要性，是不言而喻的。它不仅决定着试错人群的数量，还可以通过改善包括制度、法治等在内的各种条件，提高试错为"对"的概率。国际金融公司（IFC）和世界银行于2002年开始，每年秋天发布"全球营商环境报告"，从开办企业、申请建筑许可、获得电力供应、注册财产、获得信贷、投资者保护、缴纳税款、跨境贸易、合同执行、办理破产十个方面评估各经济体的营商环境。从2007—2014年，新加坡已连续8年蝉联第一。"2014营商环境报告"对189个经济体进行了评价，中国香港排第2位，中国内地排名第96位。中国内地中间靠后的排名，大致反映了营商环境的现状。

就营商环境的内涵来看，它基本属于公共品，政府职能和作用是首要的。也就是说，任何国家和地区营商环境的状况如何，主要是由该国、该地政府决定的。也就是说，政府的正确作为、有效作为，将营造优良的、健康的营商环境，以使企业尤其是广大中小企业和小微企业能够自主地、自由地从事生产经营活动。同时，社会中介和市场中介组织也对营商环境产生至关重要的作用。当然，这些中介组织是在政府监管下开展工作的。营商环境的改善固然需要企业和企业家的自觉行为，但是，主体的行为通常是环境的产物；因此，对于现阶段的中国来说，全面深化改革，尤其是深化政府自身的改革，是不断改善和优化营商环境的首要因素。

（原载《文汇报》2014年8月6日，标题为《界分领域是讨论市场与政府作用的关键》）

优化支撑创业创新的生态系统

李克强总理日前出席国家科技战略座谈会时指出，在国家整体创新中，"科技创新"与"大众创业、万众创新"就像交响乐、大合唱中的高、中、低音，相辅相成、不可或缺。促进科技与大众创业、万众创新深度融合，必然要求我们建立鼓励创业创新的制度和生态体系，给创新者以激励，给创造者以空间，给创业者以保障，发展创新型经济。

一、大学要承担起培养创业创新人才的重任

在美国硅谷和波士顿，在以色列硅溪（从特拉维夫到海法的地中海沿岸地区），云集着一大批以新技术研发为使命的新创公司（start-ups），它们从事的就是内在创新，尤其是技术创新的创业。那么，需要哪些基本条件，我们才能打造出更多的新创公司，进而使创新成果产业化呢？这些基本条件的整体观照，就是创业创新的生态系统。所谓生态系统，就是主体和环境，以及二者间及主体间的关系与协同。先来看主体。大学，研究机构，孵化器，创业公司，

风险投资，都是创业创新生态系统中的基本主体。这里主要谈谈大学、孵化器和风险投资在这个生态系统中的作用。

现代的大学有一项责无旁贷的新使命，那就是培养创业创新人才。这是解决创业创新的"人"从哪里来这个最为首要的问题。为什么要动员大众创业、万众创新？就是因为创业试错、创新试错为"对"的概率很低，所以，使更多有能力的人愿意出来试错，这是创业创新最为基本的前提。如果说在技术进步缓慢或商品短缺的年代，创业者敢于冒险就可能成功，那么，在今天能够并敢于进行创业试错的人一般都要接受过良好教育。因此，越是有影响力的大学，在创业创新教育方面就越是走在前列。美国是世界上一流大学最多的国家，也是世界上实行创新创业教育最早、最成功的国家，斯坦福大学和麻省理工学院就是创业创新教育的成功者和领跑者。以色列的特拉维夫大学和以色列理工大学等，德国的柏林工业大学都在创业创新教育方面取得了不俗成绩，它们为当地的创业创新输送了源源不断的人力资本。而现行的中国高等教育体制并不适应创业创新教育的发展，所以，在创业创新驱动的倒逼下，推动新一轮高等教育体制的深化改革，才能使中国的大学承担起培养创业创新人才的重任。

二、供给创新是现代经济增长的原始动力

对于从事技术创新的创业者来说，孵化器和风险投资是必不可少的两个条件。今天的孵化器主要不是场所的概念，而是各种服务的提供是否完善、是否配套的问题。例如，对于"互联网+"的创业，就需要包括大数据、云计算在内的现代信息技术服务，所以，基于创业服务平台的创业成为一个热点。笔者认为，创业服务产业的发展将逐步成为孵化器的主流，在很大程度上替代地方政府以前在这方面的作用。

风险投资应该是创业服务的一个重要组成部分，但它本身又相对独立，介于金融业与实体经济之间。从这个意义上说，金融服务实体经济的一个重要通道就是风险投资产业，而这恰恰是我们的"软肋"。这一点我们要向以色列学习。以色列人均风险资本投资在全球最高。虽然在以色列传统行业中办一家公司，即便只想获得一笔小额贷款也会有很多麻烦，但新创公司可以通过多种途径获得融资。其实，这个背后也是市场选择。因为在以色列狭小的市场上，基于供给创新的创业，一旦成功，会在全球范围内创造新的需求，或转化潜在需求为现实需求，而从事基于现有市场需求的创业大多是没有机会的。在我国，尽管基于现实需求的创业还有一些机会，

但现实需求的饱和是很快的，最终有生命力的，是供给创新，创造新的需求，实现潜在需求。

在创业创新的生态系统中，大学产生创办新创公司的人力资本，即创业创新人才；创业服务产业和风险投资产业则为他们创造相应的条件；创业者和风险投资人都在进行需求试错，都有强烈的试错为"对"的冲动，他们之间的对接能够较好地解决产业化的机制问题。无论在硅谷还是在硅溪，新技术研发成功后，或在技术市场上转让，或新创公司被大公司兼并，抑或在创业板上市。如此种种，就是内在创新的创业与产业化过程的良性互动。

三、创业服务和风投就是新创公司的环境

关于创业创新环境，我们现在所说的主要是政府在创业创新的准入、审批和税收等方面的制度环境。其实，环境是多层次的，对于新创公司来说，创业服务和风险投资就是它们的环境。今后一个时期，要更加优化创业创新的制度环境，以形成促进科技创新与大众创业深度融合的生态系统。这里的关键，就是新常态的一个重要特点：动力转换，创新驱动。供给创新的驱动是现代经济增长的原始动力，即供给侧的动力，主要来自：内生于经济体系的技术变革，有着边际报酬递增特征的人力资本和企业家精神即创业创新精神。

各级政府为创业创新所做的工作，要以有助于推动技术变革，形成人力资本和发扬创业创新精神为标杆，凡有与此违背的体制、机制和政策，都将是全面深化改革的对象，进而为政府在创业创新生态系统中更好地发挥作用定位。

在新的历史时期，推进大众创业、万众创新，需要靠深化简政放权等改革清障搭台。只要我们坚定不移地深化改革，就能形成更为强劲而持久的发展动力，促进中国新一轮经济"破茧成蝶"、行稳致远。

（原载《文汇报》2015 年 8 月 18 日）

精神至上是企业家的品格

　　以色列是一个创业的国度，是最近带游学团去以色列之前就略知一二的。前几年出版的《创业的国度——以色列经济奇迹的启示》（中信出版社 2010 年版）一书影响很大，四年多时间印刷 36 次就是最好的证明。我和许多人一样，是通过这本书大致了解以色列的创业创新的。这次游学团的主要学习内容就是创业创新，到以色列的游学团都是冲着这个来的。

　　游学归来，我一直在思考与创业创新有关的问题，并且已经有一个长篇考察记在《东方早报》发表。具体问题写多了，还是觉得不解渴。诸如创业与创新是什么关系？对于成功的创业创新来说，其间的物质和精神是什么关系？这些是近来想得比较多的问题。本文先简要地回答第一个问题，再比较深入地讨论第二个问题。

一、创业和创新是什么关系

　　在市场经济条件下，创业（包括再创业）是经济活动的原生态，也就是说，创造财富、创造就业，都始于创业。创新是经济活动的源动力，是供给侧的动力。需求侧的动力就是所谓"三驾马车"，只是支出意义上的动力。经济活动的长期动力或持续动力来自供给侧，通常是指内生于经济体系的技术变革，有着边际报酬递增特征的人力资本和企业家精神或创业创新精神。这里，企业家精神具有主体意义，进而具有决定性和根本性。

创业创新的最终目的是增进社会福利，即创造财富、增加就业，其中间环节是产业化。产业化的效果如何决定着创业的成功，产业化的组织者是创业者或企业家。科学家的发现、工程师的发明都是他们主导的产业化过程的投入要素。产业化的核心问题是连接供给和需求。在当下，有效需求不足、供给能力过剩几成常态，需求亦更多地表现为潜在需求，因此，主要依靠需求导向的经济运行机制正在发生悄然变化，供给创新、供给创造需求往往成为解决问题的关键。因此，现今的创新通常是内在于创业活动之中，没有创新的创业是很难成功的。

在这方面，以色列给我们提供了可贵的经验，尽管它的国情和我国有着很大的不同，但还是有值得学习的东西。以色列的创业聚焦于新技术研发，固然与其地域狭小、人口较少、市场需求有限有关，但是，将创业聚焦于技术进步，使创业的价值最大化，又为创新创造条件，集中体现了时下创新内在于创业的重要特征。在以色列游学期间，我们听到的一个出现频率很高的单词 start-up，一般译为"创业公司"，我们这次的同传译为"新创公司"，这可能是最为贴切的翻译。为什么呢？是因为这一译法体现了它的本质：总是和研发新技术联系在一起。也就是说，"新创"有着新技术创业的意思。新创公司的核心业务，也常常是唯一的业务，就是研发新技术。创业和创新在这里融合了，这是当今时代，创业和创新之间关系的最为典型的特征。

二、成功创业创新中的物质与精神

创业创新需要物质条件，这是不言而喻的。在以色列，高度发达的风险投资基金是创业者的绝佳物质条件。《创业的国度》提供了这样一组数据：2008 年，以色列的人均风险资本投资是美国的 2.5 倍，欧洲国家的 30 余倍，中国的 80 倍，印度的 350 倍。与绝对数相比，以色列这个只有 700 多万人口的国家吸引了近 20 亿美元的风险资本，相当于英国 6100 万人口所吸引的风险资本，或德国和法国合计 1.45 亿人口所引入的风险资本总额。这足以表明以色列风险资本的充足和风险资本产业的发达。我们还可以给新创公司容易获得风险资本一个反证。在以色列传统行业中创办一家公司，会面临很多融资上的问题，即便只想获得一笔小额贷款也会有很多麻烦，但新创公司可以通过多种途径获得融资。令人惊异的是，不能说以色列不是一个市场经济国家，但其资本市场却是高度集中的，各种限制也很多，从源头上阻止某个行业发展或支持某个行业发展，看起来都是理所应当的。

对于新创公司的创业者来说，以色列还有另外一个极为有利的条件，那就是灵活的、完善的"退出机制"。在以色列，引起人们关注的常常不仅仅是新创公司数量多，它同样拥有新创公司的"高周转率"。这里高周转率是什么意思？它指新技术研发成功后迅速地产业化，或新技术被大公司买走，或新创公司被大公司兼并。与此同时，退出的创业者和新创公司又将进入新的技术研发。创业要解决"入口"的问题，更要解决"出口"即退出的问题，就我国目前的情形而言，后者的问题甚至比前者还要严峻。

创业创新当然不是劳动密集的活动，而是人力资本密集的活动。"大众创业，万众创新"是社会动员的口号，就实现的创业和创新而言，它们是人力资本意义上的"小众"人群、"精英"人群。因此，尽管创业创新能否成功，最根本的决定因素是企业家精神，但人力资本的投入仍然是至关重要的。有几个数字可以说明以色列的人力资本状况：成人识字率为97.1%，是中东地区识字率最高的国家，在全世界也名列前茅。自20世纪70年代中期以来，对教育的投入超过 GDP 的 8%，这一比例甚至超过了美国和日本。目前，以色列人的平均受教育年限 12.1 年；高等教育毛入学率近 90%；大学文凭拥有者比例 46%，仅次于加拿大，为世界第二。除了这些数字外，以色列教育的成功之处，在于从孩子开始，就培养了批判精神和坚忍不拔的意志品质；至于后者，以色列国防军这所大学校也功不可没。

对于创业创新，物质的要素还可以说出很多，然而，说一千道一万，创业创新是大大小小的不断试错的过程，对于绝大多数试错来说，其结果为"对"的概率都是很低的；也就是说，能否在无数失败面前选择坚持，就是精神力量在起作用，进而成为最终成功的关键。《创业的国度》的作者之一索尔·辛格在为我们讲课时特别强调，对于创业者来说，一个 idea 固然重要，但是，面对任务的态度、面对困难的坚持更加重要。是什么在支撑、支持着创业者，辛格认为，是持续的精神力量；在以色列，还有在国防军服役时得以养成和提升的意志品质。

在无数成功的创业创新案例里，无一例外地看到创业者、企业家的坚忍和坚持，他们都有无数放弃的理由，但他们最终没有放弃，你可以认为有利益动机，但在创业创新试错的过程中，利益往往很骨感、很飘渺，倒是精神的执着和坚定是实实在在的。精神来自哪里？有天赋的因素，如风险偏好、崇尚自由等，也有后天环境的影响和倒逼，如资源稀缺（这一点在以色列尤为凸显），但是，这些影响和倒逼往往作用于精神强大的创业者和企业家。也就是说，精神变物质，精神反作用于物质，乃至精神决定物质，是需要条件的。

在谈以色列的创业创新精神时，人们几乎都会联想到它的特殊之处，那就是犹太人的精神。众所周知，两千多年来，犹太民族在世界各地受到排挤和屠杀，被打散过无数次，丧失了自己的家园。但是，坚定不移的信仰养育了犹太民族坚忍不拔的意志，顽强地生存、工作和发展，最终重建了自己的国家。犹太民族的文化氛围、归属意识、团队精神十分强烈，确实在很大程度上得益于宗教信仰，即来自宗教的精神禀赋。从早期的复国，再到他们的创业创新，无疑是与犹太人的特有精神相联系的。

其实，每个民族，每个国家都有自己的思想体系和精神追求，其中，有和其他民族和国家共通的东西，也有自己独特的东西。人类的生存、发展都需要从创业这一经济的原生状态出发，都需要来自创新的源动力。所以，创业创新精神、企业家精神是可以共享的。所以，我们无论从宏大叙事的视角，如将企业家精神上升为国家精神；还是见微知著的视角，如创业者多重试错的追求和坚持，都可以从以色列学到很多。

尽管已往的计划经济体制已经离去，但是，这种体制对创业创新的影响，对创业创新精神的遏制，仍然在困扰着中国经济。今天，我们喊出了"大众创业，万众创新"的社会动员口号，认识到创业是经济活动的原状态，创新是经济活动的源动力，创业创新被置于一个前所未有但却恰如其分的高度，这是令人鼓舞的。然而，如何消除对创业创新活动、创业创新精神的体制性束缚，仍然是摆在我们面前的一项重要任务，需要从改革体制机制、创新制度安排、营造文化氛围等多个方面做出努力，使创业创新成为实现新常态的主要推手，使创业创新精神成为实现中华民族伟大复兴的重要力量。

（原载《经济学家茶座》2016 年第 3 期）

企业家精神是经济增长的原始动力

　　企业家精神在经济增长和发展中处于什么地位，产生什么作用？这本来是一个在经济学理论和市场经济实践中都已经解决的问题。在中国，却因体制转轨、发展转型有着自身的复杂性，上述问题一直若明若暗地存在着，无论在体制和政策层面，还是在社会各界的认知中，都缺乏对企业家及企业家精神的明确定位和正确把握，所以，最近当一位中央有关部门领导先后三次强调企业家精神时，还是引起了媒体和有关各方的高度关注。这至少说明，企业家精神在中国还是一个问题。

一、创新包括科技创新和企业家精神

　　从中长期看中国经济，其首要是转型发展，其核心是解决从低效率到高效率的问题。这里的关键是动力转换：从要素驱动、投资驱动到创新驱动。更准确地说，是要在要素和投资中注入更多的创新，尤其是技术进步、人力资本和企业家精神意义上的创新。从短期看，中国经济仍然面临较大的下行压力，在未来一二年，经济增长继续走低是大概率事件。而且这一轮下行的特点，就是周期性因素和结构性因素交织在一起，以结构性因素为主。这就表明，目前中国经济的主要问题是中长期问题、结构性问题，而不是短期问题、总量问题，所以，再一味拿出短期的政策工具，尤其是货币政策工具，不仅无济于事，还可能使问题更加恶化。

中长期的经济增长和发展动力，不是所谓"三驾马车"意义上的来自需求侧的动力，而是指供给侧的动力。创新是供给侧的主要动力，在现在的语境中，它包括科技创新和企业家精神。创新将创造新的需求和转化潜在需求，驱动可持续的增长和发展。因此，创新驱动就是供给驱动。这里，供给内含着各种创新的可能性，进而一方面直接实现市场的现实需求，另一方面通过对新需求和潜在需求的试错及实现，驱动增长和发展。这里的一个关键环节是，供给创新的成果要通过产业化才能进入市场，才能创造财富、创造就业。那么，产业化的主体是谁？在绝大多数情况下，产业化的组织者是且只能是企业家，科学发现、技术发明和文化创意的成果是企业家主导的产业化过程的投入要素。产业化的核心问题是连接需求和供给，是供给创造需求。

二、供给创新是转型发展的必然选择

为什么说供给创新、供给创造需求在当下十分重要？在市场经济体制下，过去很长时间，需求导向是经济增长、产业发展的主要路径，它的优点是比较可靠，缺点是有滞后效应。然而，在现今社会，需求表现出两个显著特征：其一，在市场经济条件下，有效需求不足成为常态，中国也不例外。其二，随着居民收入水平的不断提高，需求更多地表现为潜在需求，也就是说，在消费者的购买行为中，越来越多的现实需求是由他们的潜在需求转化而来的。上述两个特征都表明，一个国家、一个地区、一个企业，要想在这一格局的竞争中取胜，不仅要着眼于现实需求，更要通过供给创新的不断试错，创造新的需求，并将潜在需求转化为现实需求。谁在这个试错和转化中得到先机，谁就能得到更大的市场份额，进而获得更大的竞争优势。所以，考虑到需求导向的缺点，考虑到动态的技术进步和企业家精神，供给创新就成为解决中长期增长的关键，是转型发展的必然选择。

进一步地说，供给创新的动力就是现代经济增长的原始动力，即供给侧的动力，其主要来自：内生于经济体系的技术变革，有着边际报酬递增特征的知识（人力）资本和企业家精神，核心是创业创新精神。这里，企业家精神具有主体意义，进而具有根本性。企业家精神作为经济增长的动力，具体表现在：企业家具有将储蓄转化为有效投资并形成资本的能力；企业家的创业和创新是吸纳就业、提高居民收入的主渠道；企业家通过对需求的不断试错，以发现新的市场，转化潜在需求，由此促进消费增长。苹果公司的案例强有力地说明，企业家是创造市场、刺激投资和消费的源泉；企业家通过自身的创新，实现产品和服务的升级，增强出口的竞争力。所以，为"大众创业，万众创新"创造良好的环境，让更多的人投入创业创新的试错，包括创业者试错、市场需求试错，以及创业者和企业家的人格试错，并提高他们的成功率，就将为经济社会的可持续发展提供强有力的保证与支撑。

三、成熟的市场经济就是企业家经济

中共十八届三中全会指出，经济体制改革是全面深化改革的重点，核心问题是处理好政府和市场的关系，使市场在资源配置中起决定性作用和更好发挥政府作用。在很大程度上，市场起决定性作用就是市场主体——企业起决定性作用。企业家是企业的人格化代表。当然，并不是所有的企业都有企业家。管理学大师德鲁克在20世纪80年代就说过，成熟的市场经济就是企业家经济。在今天看来，这个判断仍然是正确的，只是企业家的内涵发生了变化。时至今日，一大批风险投资家、产业投资家也是企业家的重要组成部分，他们和直接投资并经营实业的企业家一起，在进行需求试错，发现市场，不断推动经济的持续增长和发展。可见，企业家不同于常人，就在于他们具有不同于常人的精神，冒险精神、创新精神、天下精神，这些就是企业家精神。也许有人会问，这是否过于拔高了企业家和企业家精神？笔者以为不然。一个社会，一个国家没有了这个群体，何来财富、就业和税收，甚至何来慈善事业？所以，对于经济增长和发展来说，企业家精神是具有主体意义的决定性力量，这样说是不为过的。

（原载《文汇报》2015 年 10 月 21 日）

着力加强供给侧结构性改革

2015 年 11 月 10 日，中央财经领导小组首次提出加强供给侧结构性改革，这是相对于过去需求侧改革而提出的新概念和新思路。着力加强供给侧结构性改革，既是应对这一轮经济增长下行的正确对策，又是从根本上转换经济增长动力的唯一药方。

一、供给侧动力的理论来源是现代增长理论

笔者此前就曾强调，中长期的经济增长和发展动力，不是所谓"三驾马车"意义上的来自需求侧的动力，而是指来自供给侧的动力。不过，中国目前还有大量阻碍供给侧动力形成和发挥作用的体制性、政策性障碍，所以，要通过供给侧结构性改革，才能激发和产生供给侧动力，以保持经济的可持续增长。

在理解供给侧动力和结构性改革时，需要澄清一个误读，那就是将其简单地视为供给学派或里根经济学。针对 20 世纪 70 年代初西方国家出现的"滞胀"，一些经济学家提出了反对凯恩斯主义一味需求管理的政策主张，他们强调降低税率，鼓励生产，从供给管理

的角度解决问题，史称供给学派。供给学派对当时美国政府的经济政策影响很大。1981年，新上台的里根总统提出的"经济复兴计划"称，他的计划与过去美国政府以需求管理为指导思想的政策彻底决裂，改以供给学派理论为依据。1985年，里根总统在第二任期开始时宣称，他将继续实施并扩大原订计划。但是，计划实施不久，美国经济就陷入二战后最严重的一次经济危机。随后，供给学派逐渐淡出人们的视野。

供给侧动力及供给侧结构性改革的理论来源，是现代增长理论。凯恩斯革命后，经济学的最重要发展之一就是现代增长理论。现代增长理论以探讨经济增长源泉为使命，同时将经济学动态化、长期化。现代增长理论揭示的增长源泉，或者说增长动力，主要来自三个方面。其一，内生于经济体系内部的技术进步。经济学家索洛首先指出了技术进步对经济增长的重要贡献，经济学家罗默进一步指出，由于经济体系内部存在着激励，所以技术进步是内生的，由此产生了内生增长理论。其二，如果从要素投入角度观察现代经济增长，人们发现，人力资本既替代劳动，也替代资本，成为现代经济增长的最重要投入要素。经济学家舒尔茨指出了人力资本投资的主要途径：健康、教育和培训等。其三，经济学家熊彼特则将创新等同于企业家精神，并将其作为供给创造需求的主要动力。从经济学的视角看，熊彼特创新是要素及生产条件组合的革命性变化，其深处是技术进步驱动。企业家在这里的关键性作用，是作为技术进步产业化的组织者。科学发现、技术发明和文化创意的成果，都是企业家主导的产业化过程的投入要素。

二、改革当以"形成新增长动力"为聚焦点

供给侧结构性改革从哪里入手？我们从观察到的一个"奇怪"现象说起。一方面，符合市场需求的创新成果有限；另一方面，对于技术创新有着极大催生作用的风险投资却"过剩"了。原因何在？显然，好的创业创新项目不足，最终能够提出并实施这些创业创新项目的"人"不足，是症结所在。这里，"人"是自然人，也是法人。创业创新行为可以是自然人所为，也可以是法人所为。因此，聚焦于和"人"及"人"所处的环境有关的改革，是最为重要的改革。譬如，教育体制、财税体制、金融体制、国有企业和行政管理体制改革等。当我们对阻碍甚至禁锢新的增长动力形成的体制、机制和政策进行结构性改革时，重点就在这些领域。为此，笔者建议，我们应当以"形成新增长动力"为聚焦点，进行相关体制改革的顶层设计或系统设计，再具体落实改革任务，以期在形成新的增长动力方面有明显的改观。

　　为什么较长时间以来，我们总是混淆需求侧动力和供给侧动力，进而忽视供给侧动力呢？我认为有两个原因。首要的是体制性原因。处于赶超加转型阶段的中国，各级政府都将经济增长作为首要的使命，进而以此作为任职期间政绩考核指标，结果自然是高度重视见效最快的投资需求。还有技术性原因。在中国宏观经济的分析框架中，增长率代替失业率，成为短期分析的核心指标之一（另一个是通货膨胀率），同时又是中长期分析的核心指标，本该受到关注的失业率指标，却经常不在政府的视野中。所以，我们要加快完善调查失业率指标，同时充分反映农业劳动力转移、隐性失业等对中国就业水平的影响，并试行发布自然失业率，将失业率作为宏观经济短期分析的核心指标和宏观调控的首要目标。对于中长期增长，则更多地将资源和精力集中于技术进步、人力资本和为创业创新创造良好的环境。

　　经济学是关于选择的学问。选择的基本原则是机会成本最低，用中国古人的话说，就是两利相权取其重，两害相权取其轻。面对现在经济运行和发展中的主要矛盾，我们应该在总需求管理和总供给管理中，重点选择总供给管理，亦即供给侧结构性改革。当然，经济增长下行，也有总需求不足的问题。目前的总需求管理，在货币政策和财政政策中，应首选财政政策，即现在提出的积极的财政政策。积极的财政政策有两个主要工具，一是举债以增加公共投资，二是减税。长期以来，我们比较倚重前者。根据现在的经济态势，主要是政府的债务率水平以及可能的政策效果，我们应该加大减税的力度，从结构性减税到普遍性减税，以培育并激活微观经济的活力。这也许是能够贯通短期和中长期，并有效改善供给端的政策选择。

（原载《文汇报》2015 年 11 月 18 日）

归零思维话创业

不用讳言，现在对"大众创业，万众创新"，尤其是其中的"大众创业"还有一些不同看法。其中一个代表性的观点认为，创业不能搞群众运动。对此，笔者不能苟同。群众运动分为两种，一种是自上而下的，另一种是自下而上的。古今中外的经验表明，自上而下的群众运动大多不能搞，就像"文革"和"大炼钢铁"。市场经济本来就是一种自下而上的经济体制，所以，市场经济就是要每个人发挥聪明才智并积极参与的群众性活动；民间创业作为市场经济的原生状态，就是一种群众运动。

可以理解持这种观点的人担心出现以前政治运动中的"一风吹"、"一边倒"的极端情形，不过，这种担心是不必要的。例如，现在对大学生创业持不同看法的比较多，认为他们大多还不具备创业的条件，是被"双创"口号煽动的，这不就是群众运动了吗？部分在校大学生或刚毕业的大学生创业，确实可能条件不完备，但是，创业都是试错，从来就不存在条件都准备好了的创业。对于大学生创业，既要劝导他们考虑更加成熟，更加重要的是为他们创造和提供可能的条件、更好的环境。又如，已经报道的有长辈掏出养老的钱帮助儿孙创业的事例，被人认为是创业搞群众运动的表现，"是对中产阶层的最后一次洗劫"。其实，这种现象与创业是否群众运动无关。这是少数家长太溺爱自己的孩子，"亲情文化"过度发酵，置常识于不顾，拿出自己的养老钱为儿孙的创业承担"无限责任"。尽管这是个别现象，但还是要呼吁，创业要去找创投基金，有价值的创业项目总是能够找到创投的投资。

中国现在仍处于转型体制中，各种体制性、制度性现象复杂。我以为，为了看清创业的深刻意义，不妨运用归零思维的方法，做一番思考。在"归零"的状态下，看早年市场经济的发育与发展，它从哪里开始？从民间创业的手工作坊、货郎担开始。在技术没有发生重大革命时，专业化和规模经济基本无从谈起，但民间创业一直生生不息，直到工业革命以后情形才发生变化。有关国家在工业化进程中，都有不同程度的重商主义战略指引和政策措施，帮助企业做大做强，甚至也有政府直接创办企业即国家创业的行为，但其经济活动的基础仍然是民间创业。如果没有民间创业，重商主义就失去了扶持的对象。

再回顾一下计划经济肇始时，我们是如何起步的？一是国家创业；二是将市场经济中成长起来的民族工商业改造并纳入国民经济体系。20世纪70年代末开始的向市场经济转型的改革，在改变什么、发展什么？一是将国家创业（包括国家改造）的国有企业改变为市场主体；二是发展来自民间的市场主体。近40年来，我们看到了外国资本创办的外资企业，看到了民间资本创办的民营企业，但数量还不够，特别是后者。我们现在倡导、鼓励"大众创业"，尤其是内在创新的创业，仍然是在补课，补市场经济的课。

在归零思维的方法下，今天一种最典型的创业就是创客的创业。在一个众创空间，许多创客在设计或制作具有某种创意的产品，然后做出样品，一旦被创业者认为有市场前景，就有可能获得投资客的青睐，这里的投资客就是创投。这个过程就是创业创新，内在创新的创业。所以，创客从一张白纸开始，有了技术和经济的可行性，就可开始创业创新的试错，并得到创投的支持。这就是"四创"，从创客、创业、创新和创投，再到产业化的过程。

在包括国有企业在内的大企业中的内部创业，是归零思维方法下的另一种创业。在海尔，创客和小微创业是张瑞敏提出的内部改革的概念。按照他的理念，海尔现在主要由三类人群组成，第一是平台主，像海尔轮值总裁这样的职位便属于大平台主。第二是小微主，指那些依托于海尔内部不同平台成立的初创公司。第三类创客，则是在小微公司中持有一定股份的创业者，他们需要与海尔签订对赌协议，只有达到一定目标值才可兑现股份。目前，海尔产业金融平台下共有 9 个创客团队，涉及的领域包括医疗、健康消费、智能交通、社区金融、物流、食品农业等各个方面。随着近两年海尔内部改革加速，已形成大约 20 个平台，183 个小微公司，创业项目涉及家电、智能可穿戴设备等产品类别，以及物流、商务、文化等服务领域。也有越来越多的外部人员选择海尔平台进行创业。

市场经济优于计划经济的根本之处，就是较好地解决了基于人性的激励问题。生生不息的创业，既是经济发展的一种激励机制，又是一种精神要素。处在创业过程中的人们，创业对他们既是行为，也是精神。对于就业的蓝领、白领，创业就是一种精神：奋斗精神——不断提升自己；团队精神——和更多的人合作；创新精神——做具有创造内容的事情。唯此，你也是一个创业者。

论及 20 世纪的创新理论，除了熊彼特，还要提到的经济学家是已 94 岁高龄的威廉·鲍莫尔。他是自熊彼特之后无可辩驳的创新领域的思想导师。在熊彼特之后，研究创新的经济学家大都走上批评主流经济学的演化经济学道路，而主流经济学又在引入创新研究方面进展缓慢。鲍莫尔则在两者间取得了完美的平衡。他一方面继承熊彼特的遗愿，肯定了他当年的努力；另一方面他将熊彼特的理论范式运用于资本主义创新增长的实践，是一次新的深入和拓展。在鲍莫尔看来，好的市场经济的最佳形式就是大企业型和企业家型的混合。也就是说，我们既要专业化的、规模经济的大企业，它们也来自成功的创业；还要一大堆 start-up，即初创公司，从它们中会产生新的技术、新的产业，还有新的大公司。

（原载《文汇报》2017 年 2 月 16 日，
标题为《以归零思维看大众创业》）

START-UP AND INNOVATION THE PATH OF CHINA'S ECONOMIC TRANSFORMATION

实践"双创"

以色列创业创新考察记

　　最近，带 EMBA 学生去以色列游学，听了约 10 个讲座，大致包括三个方面：其一，有关犹太文化和以色列国情；其二，以色列的若干产业，如高科技产业、国防产业、清洁技术产业和风险投资产业等；其三，关于创业创新，如畅销书《创业的国度——以色列经济奇迹的启示》（以下简称为《创业的国度》）的作者之一索尔·辛格的演讲。

　　在《创业的国度》一书"引言"的末尾，作者不无自负地写道："在这个世界上，如果你想找到创新的关键所在，以色列是最值得去的一个地方。西方世界需要创新，而以色列拥有创新；弄清楚这种创业的动力源自何处，去往何处，如何使其长期保持下去，其他国家如何从中学到创业国度的精髓，这才是我们当下最重要的任务。"

一、以色列的"新创"与中国的"创新"

　　以色列的新创公司有哪些重要特征呢？第一，以研发新技术为主。为什么说 start-up 译为"新创公司"最合适，是因为体现了它最为本质的特征：总是和研发新技术联系在一起。也就是说，"新创"就是新技术创业的意思，"新"既指开始启动，又指新技术研发。新创公司的核心业务，也常常是唯一的业务，就是研发新技术。

第二，几乎都可获得风险资本的投资。《创业的国度》提供了总量数据：2008年，以色列的人均风险资本投资是美国的2.5倍，欧洲国家的30余倍，中国的80倍，印度的350倍。与绝对数相比，以色列这个只有700多万人口的国家吸引了近20亿美元的风险资本，相当于英国6100万人口所吸引的风险资本，或德国和法国合计1.45亿人口所引入的风险资本总额。这足以表明以色列风险资本的充足。在以色列传统行业中创办一家公司，会面临很多融资上的问题，即便只想获得一笔小额贷款也会有很多麻烦，但新创公司可以通过多种途径获得融资。令人惊异的是，不能说以色列不是一个市场经济国家，但其资本市场却是高度集中的，各种限制也很多，从源头上阻止某个行业发展，或支持某个行业发展，看起来都是理所应当的。

第三，高周转率。《创业的国度》的两位作者告诉我们，在以色列，引起人们关注的常常不仅仅是新创公司数量多，它同样拥有新创公司的高周转率。所谓高周转率就是新技术研发成功后迅速地产业化，或新技术被大公司买走，或新创公司被大公司兼并。这种情形不做一个比较，可能很难有说服力。创建arcticstartup.com网站，致力于促进"创业运动"的芬兰企业家昂蒂·维尔帕纳，用芬兰的情况与以色列作了一个对比，他沮丧地说："芬兰取得了很多科技专利，但是却没能把它们利用到创业这种形式上来。在芬兰，创业公司的初期投资大约在 30 万欧元，以色列创业公司的初期投资是它们的 10 倍左右；同时，以色列创业公司的数量也是芬兰的 10 倍左右，创业公司的周转率也更短、更快。我相信未来我们肯定会有大幅增长，但是目前来看在培养创业文化方面，我们的确远远落后于以色列和美国。"创业要解决"入口"的问题，也要解决"出口"即退出的问题，就我国目前的情形而言，后者的问题甚至比前者还要严峻。

由上述三个特征共同支持，决定了以色列的新创公司生生不息、周而复始，由此也形成了以色列独特的创业创新模式。

"新创"一词和现在中国高频出现的"创新"一词有什么异同？目前我们所说的"创新"通常有三层涵义：其一，科学（家）意义上的创新，就是发现（discovery），发现新的规律和知识；其二，技术（工程师）意义上的创新，就是发明（invention），发明新的工具、材料、配方……其三，企业（家）意义上的创新，也是经济学或熊彼特本来意义上的创新，就是变革（innovation），变革现有生产要素和生产条件的组合，使资源配置的效率不断得到提升和优化。我们现在是在这三层涵义叠加的意义上理解创新的，甚至还有将创业创新环境的因素与创业创新混为一谈的问题，如制度创新本来属于环境因素，尽管很重要，但它并不是创业创新本身。对创新的这一泛化理解，使人们往往难以把握创新与创业的关系，难以把握内在于创业的创新的真谛，进而也难以针对问题所在，提出符合不同主体职能的可操作解决方案。

在总需求不足为常态，以及需求更多地表现为潜在需求的背景下，以技术进步为核心的供给端创新，就显得比任何时候都重要。由于新技术研发的激励特征，以及基本不存在规模经济的特点，小型化即以色列的新创公司，成为最佳的创业创新组织形态。而且，这种组织形态较好地解决了我们长期以来没有有效解决的产业化问题，即上述的高周转率，进而构成了以色列的"新创"与中国的"创新"的主要差异。

创业创新的目的是增进社会福利：增加就业、创造财富，提高广大人民群众的生活水平和质量。产业化则是创业创新与增进社会福利的中间环节。产业化的组织者是且只能是创业者和企业家，科学家和工程师的创新成果，是创业者和企业家主导的产业化的投入要素。产业化的核心问题是连接需求和供给，是供给创造需求。以色列新创公司将创业和创新融合，其真谛是快速产业化即高周转率，这恰恰是中国现在的软肋。

二、以色列的创业创新生态系统

移民面对着比本地居民更大的生存和发展压力，有着更强烈的创业冲动，产生的就是"鲇鱼效应"，直接影响本地居民投身创业的行为。解构以色列的创业创新生态系统，和解构其他生态系统一样，要找到其中特殊的生态链，进而分析系统中主体和环境的关系。

以色列创业创新生态系统中的一个特定人群是移民。1948 年宣布建国时，以色列人口为 70 多万。到目前为止，它的总人口不到 800 万，不到 70 年，增长了 10 倍，显然，人口的机械增长即移民是最重要的解释。建国初期以及以后发生的重大事变，如苏联解体，都促使世界各地的犹太人举家迁徙，回到祖先的土地。移民尤其是短时间涌入的大量移民，对于任何一个国家都是负担、挑战，对于以色列也是如此。然而，移民往往是风险偏好的，他们不会排斥重新开始。"移民的国度就是企业家的国度"，目前全球创业创新领域最为领先的两个国家——美国和以色列，都是移民的国度。

20 世纪 90 年代初，近百万苏联犹太移民涌入以色列。如果要安置好这些移民，必须创造 50 万个新的工作岗位。和普通移民不同的是，这些移民中有 1/3 是科学家、工程师和技术专家，以色列的高科技机构可以雇用他们，但当时的研发中心不可能容纳这么多雇员。为此，1991 年，以色列政府创立了 24 家技术孵化器企业。这些企业为他们提供了初期研发所需要的资源和资金。当然，不能为研发而研发，重要的是研发成果是否具有市场价值和销售前景。但是，政府部门无法帮助这些企业将它们的产品成功地产业化。由此，人们意识到私人风险资本才是唯一的出路。

就在那时，以色列著名的 yozma（希伯来语，意为"首创"）项目应运而生。该项目是由政府出资 1 亿美元创建的 10 个新的风险资本基金。每一份基金都必须由三方代表组成：接受培训的以色列风险资本家、一家国外的风险资本公司，以及一家以色列投资公司或银行。1992—1997 年，yozma 项目在政府的资助下筹集到了 2 亿多美元的资金，这些基金在 5 年之内都被出售或者私有化了。《创业的国度》写道，今天（指 2009 年）yozma 基金拥有大约 30 亿美元的资金，为数百家以色列新成立公司提供资金支持。

尽管移民有着强烈的创业冲动，但他们也会有各种不同的短处，如受教育程度参差不齐，又如不一定掌握当地的语言。像在以色列，相当部分的移民都要接受希伯来语的培训。不过，在教育培训方面，除了国民教育体系及一流大学（希伯来大学、以色列理工学院、魏茨曼学院和特拉维夫大学等）的作用，以色列的显著特点在于年轻人在国防军接受的教育和训练。从某种程度上说，这比他们在学校的经历更重要。在求职过程中，每次面试必问的一个问题就是：你在军队的哪个部门服役？不同军种或部门，意味着你在选拔时被认定的优秀程度。和其他国家一样，以色列的顶级大学也很难进，但在这个国家，可以和哈佛、普林斯顿、耶鲁相媲美的是国防军的精英部门，如专攻科技创新领域的 talpiot（源自《旧约·雅歌》，意指城堡的塔楼，象征最高成就）部门。该项目每年从以色列高级中学中 2% 最顶尖学生（2000 名左右）中测试、选拔，结果是其中 1/10 的学生进入。他们被要求在更短的时间学到更多的东西，学术培训范围远远超出以色列或世界其他国家的普通大学生，同时也要经历和空降兵一样的基础训练。《创业的国度》作者之一辛格在讲课时特别强调，对于创业者来说，一个创意固然重要，但是，面对任务的态度、面对困难的坚持更加重要。他认为，这些素质或品质，恰恰是年轻创业者在国防军服役时得以养成和提升的。

通过上述简要介绍，我们看到了创业创新生态系统中的基本主体：创业者、科研机构、孵化器、加速器、风险投资基金、政府、国防军和教育机构，以及它们之间的集群效应。这是以色列具有如此强大的创新能力的一个答案。显然，移民中的创业者、yozma 基金和国防军，是以色列创业创新生态系统中的"榜样"，榜样的力量是无穷的。移民面对着比本地居民更大的生存和发展压力，有着更强烈的创业冲动，他们所产生的就是"鲇鱼效应"，直接影响本地居民投身创业的行为。yozma 基金之前，以色列无所谓风险投资，然而，它的成功运作和带来的实际效益，使以色列的风险投资产业风生水起，并成为人均风险投资最高的国家。国防军成为创业者的大学校、训练营，参与培育以色列一代又一代的创业者，真是一个不可多得的成功经验。

作为一个国家，以色列的自然环境劣势非常明显。自然资源短缺，尤其水资源短缺；自然环境恶劣，沙漠占国土面积的比重为67%，几乎到了人类难以生存的境地。来自阿拉伯国家的外部威胁无时无刻不存在。正是受到这些难以想象的压力，以色列通过科技研发、教育培训和创业创新，打造了推动经济长期增长的三个基本要素：技术、人力资本和企业家精神，由此形成了自身的强大优势。

来自建设强大国家的物质需求和精神需求，同时创造了各种不可多得的机遇。经历了建国初期的高增长时期、低增长和恶性通胀并存的滞胀时期，以色列进入了当下的高科技时期，尽管也存在这样那样的问题，如贫富差距拉大，但是，创业创新带来的驱动力，既使经济增长具有可持续性，也给解决问题带来了空间。这就是我们可以看到的以色列创业创新生态系统中，主体适应环境、改造环境，并与环境共同进步，共同优化的生动画面。

联想到中国,改革开放以来的农民进城,亦是一场大规模的"移民"。但由于一系列制度改革的滞后,使我们的创业创新生态系统缺少基本的要件,如相适应的教育培训、足够的风险投资基金。当然,更重要的是,长期以来,我们缺乏对创业创新重要性的正确认知。现在总算好些了,至少我们已经将创业作为经济活动的原生态,将创新作为经济发展的驱动力了。

三、向以色列的创业创新学什么

无论从宏大叙事的视角,如将企业家精神上升为国家精神;还是见微知著的视角,如创业者多重试错的追求和坚持,我们都可以从以色列学到很多。

以色列的创业创新生态系统确实有其独特性,但是,如果以色列的成功仅仅限于以色列,其他国家又可以从中借鉴什么呢?

借鉴并不等同于获益。如果企业要受益于以色列的某项创新,最简单的办法就是购买这家新创公司或其研发成功的技术。对于企业,尤其是跨国公司,在这个开放的世界,没有必要也经常没有可能去复制另一国在制造、创新或者区域市场准入方面的竞争优势。进一步地说,在今天这个世界,确实有些国家和企业只能利用别人的发明创造,而有些国家和企业的优势就是发明创造。这是一个国家和企业发展阶段或战略定位的问题。

然而，对于任何一个国家和企业，乃至对于这个世界来说，不断创业创新带来的利益是巨大的。永远甘于利用别人创新成果的国家和企业，是无法进入现代国家、卓越企业之林的。

（原载《东方早报》2015 年 6 月 2 日）

"双创"——深圳"优"在包容

近日，我利用在深圳面试 2017 年交大提前批 MBA 考生的机会，对深圳何以成为中国的一片创业热土，深圳的南山何以成为中国的硅谷，进行了一次访谈。尽管这些考生现在大部分是职业经理人，但他们不乏在将来创业的想法，或者已经在进行一些尝试。其中，也有几位是创业者。我抛给他们的问题是："双创"，深圳"优"在哪里？当然还会有一些具体的展开，主要是原因的探讨。

这些年轻人对深圳几乎众口一词的评价是：它是一个包容的城市。他们认为，在深圳不需要依凭关系、出身等前置性条件，只要依靠自己的努力奋斗，就可以实现自己的人生愿望、目标，乃至梦想。在听到他们对深圳的这些赞美时，我立刻想起最近刚看过的一本书《繁荣的真谛》。该书作者美国芝加哥大学布斯商学院教授路易吉·津加莱斯在这本书的"序言"中写道，对美国来说，我是一名外来移民，逃离意大利，是因为那里根深蒂固的不平等制度。移居美国，在于意识到这里能够比我的祖国给自己带来更加光明的未来。到美国后，现实也没有令我失望。他说："我终于来到了这样的国度，梦想的边界不再依赖于我认识的人，而完全取决于自己的能力。"现在居然那么多来到深圳的年轻人，也有和津加莱斯当时相同的看法，顿时使我对深圳刮目相看，觉得应该剖析一下"双创"的"深圳现象"。

包容，首先体现在进入门槛低。这是与中国其他一线城市的比较中看出的。在中国的一线城市，所谓进入门槛，主要是指落户条件。一位考生提到，深圳的落户条件比北京、上海低。一个数字似乎并不支持这个说法。到 2016 年上半年，深圳的常住人口为 1137.89 万，其中户籍人口 400 万（2015 年末）。这看似许多常住人口未能落户成为户籍人口。其实不然。在深圳的常住人口中，有不少来自中国其他城市，包括北京、上海的年轻人，以及海外留学回国人员，他们符合落户条件，但他们因为各种理由未落户。也就是说，在北京、上海和广州，未落户的常住人口基本上都不符合落户条件，那么，在深圳就不尽然。而且比较发现，在这四个一线城市中，深圳城镇户籍的含金量是相对最低的（不是相对于北京、上海和广州，而是相对于深圳的非户籍人口），所以，是否深圳城镇户籍，在深圳不像在其他一线城市那么重要。大家都很清楚，试图在北京、上海发展的年轻人，户籍实在是一个很重要的东西，它关乎一系列福利和许可。或者说留在或去到北京、上海发展的年轻人，在很大程度上都是为了那一纸户籍。这本来就是一个异化，是不应该发生或应该消除的东西。这也从一个侧面说明，在四个一线城市中，深圳具备户籍制度改革的最好条件。

"深圳给我们一种归属感"，这是一位曾在香港大学就读本科的考生对深圳包容性的理解。这是一个很高的评价。有了归属感，你就会把这里当成自己的家，愿意为它付出、奋斗和奉献。深圳是一个年轻的移民城市，它的年龄始于创办经济特区的1980年，基本和现在常住人口的平均年龄（35岁）相同。所以，几乎所有生活、工作在深圳的人，都是为了自己的梦想来到这里，其中有着创业梦想的青年才俊占有不小的比重。他们志同道合，就必然产生聚集效应。就像产业聚集产生溢出效应，其中有学习效应的作用一样，人才聚集的学习效应将产生更大的溢出。他们或在学习中取长补短，共同发展；或在合作中成为一个团队，殊不知，团队创业是今天的创业不同于早年的一个特征。人才的聚集，为团队创业创造了不可多得的条件。一群有归属感的年轻人扎堆在一起创业，内含着创新的创业，试想，这个地方还有什么理由不迅速成长？

深圳给我们空间和机会，也容忍我们的失败。几位考生都如是说。下面这个表是近三年来，深圳和北京、上海、广州，以及全国的GDP增长率。一个城市的发展空间和机会，直观地体现在经济增长上。近三年来，深圳的经济增长领先于全国的平均增长，在四个一线城市中也居于榜首。深圳创业创新的机会和贡献体现在这个更高的增长率中。如果说在前些年主要依靠投资驱动增长时，某地的增长率高，不一定能够这么说，那么，对于转型中的经济或深圳这样的经济体，这恰恰表明，创业创新已经成为增长的新动力。或者说，转型对于中国的大部分城市是压力、挑战大于机遇，那么，在深圳则是机遇大于挑战。除了可以从总量上看发展空间和机会，还可以从结构，主要是产业结构的角度看发展空间和机会（我将这部分内容放在下一篇文章中）。

四个一级城市及全国的 GDP 增长率（％）

	全国	深圳	北京	上海	广州
2014 年	7.3	8.8	7.3	7.0	8.6
2015 年	6.9	8.9	6.9	6.9	8.4
2016 年上半年	6.7	8.6	6.7	6.7	8.0

是否容忍创业者失败，其实在讲人们如何看待创业这个选择，以及精神力量在创业中的作用。2015 年，我带队上海交大历届的 EMBA 学生去以色列游学回来后，写了一系列文章，介绍那里的创业创新。我写道："在以色列，可以观察到的一个重要现象是，进军高科技领域，成立一家新创公司，已经蔚为年轻人的一种时尚和追

求，几乎成为标准职业道路中必走的一步。尽管在以色列，创业成功的概率也是很低的，但只要尝试过，努力过，失败也是值得的。这就不难发现，这里是精神力量在起作用。……通过改革和制度设计，使创业创新环境更加有利于创业者、企业家的试错，一方面会激励更多人愿意出来试错，另一方面也会提高他们试错为'对'的概率。由此，就将壮大创业者和企业家的队伍，提高就业增长、经济增长和发展，乃至促进社会全面进步。"如果深圳的创业者认为，这个城市能够容忍他们的失败，这就说明，这里已经形成了有利于创业创新的文化氛围，创业创新精神已经融入到这个城市的精神之中。

其实，这些年我也经常来深圳，自以为对它的发展有所了解，因此，这次访谈的结果有点出乎我的预料。我向几位考生问了这样一个问题：深圳的创业创新环境在变得更好，还是没有变好也没有变坏，或是变得不如以前了？他们的回答是变得更好了。从宏观上看，这个答案是有支持的，因为全面深化改革有助于创业创新环境的改善，深圳当然亦是如此。一位考生则以深圳房价上涨，说明这个向好趋势。我说，房价上涨不是在提高进入门槛吗？他和一些深圳人一样，并不认同这个说法。首先，深圳和其他一线城市不同，有着更多的"小产权"房，它的租金是相对低廉的。再加上政府提供的廉租房、公租房，对于深圳的初来乍到者，找一个价格可以接受的栖身之地还不是什么大问题。在北京、上海，可能就不是这么回事了。其次，他们认为，商品房的较高价格是产业结构调整、升级的一道屏障，保证高附加值产业才能在这里生存与发展。这个说法以前在上海也有。但高房价与高附加值产业之间的关系并不那么简单，而且，一旦产业结构是"两头尖"的，那么，收入结构也会"两头尖"，这对一个城市来说，是极不可取、必须防止的。

（原载《东方早报》2016 年 8 月 9 日）

"双创"——深圳"优"在结构

　　一个城市（地区）能够成为创业创新的聚集地，就像美国的硅谷（旧金山）和波士顿，以色列的硅溪（特拉维夫和海法），中国的深圳，一定是多个条件共同促成的，甚至有人说，气候也是创业者愿意云集的一个原因，尽管它可能并不是决定性的。上面提到的这些城市，大多是气候宜人的地方。

　　在这次访谈时，有几位考生都谈到了深圳的产业结构、产业链及其服务体系对创业创新的重要作用。我问了一位在制造业有 17 年从业经历的考生一个问题。这个问题是在上海一次会议上，听一位发言者说的，当时并没有得到答案。这位发言者说，现在上海的创客要做样品，90% 到深圳，其次是到宁波。我当时就纳闷了，上海一直是一个全国制造业中心，怎么连个样品都做不了？这位考生告诉我，深圳有全国最强的小批量单件制造能力。譬如，做一个模具，在深圳，价格最低、交货时间最短。这就是产业链服务体系的问题。由此，大量的需求涌向深圳，相应的供给能力也就得到提升。这看似一个非常具体的环节，但它说明，深圳的产业链有很强的配套能力，很强的服务能力。这些对于创业创新主体来说是不可或缺的。

我们还探讨了智能制造业在深圳的发展。他告诉我，所谓智能制造，有一些基本要素，如无纸化作业、网上下订单、网上信息传输和实时控制工艺等。这对一个城市的研发实力，互联网、物联网发展水平提出了很高的要求。在深圳，智能制造业已经在制造业中占有一定的比重，但现有的统计体系并不能提供直接的数据。我查找了一些其他相关数据（见以下图和表）间接地给予证明，同时，可以说明，深圳的产业结构相对高端。在2007—2011年，是四个一线城市高新技术企业增加值，高新区企业工业增加值占地区生产总值（GDP 口径）的比例。2013年，国家开始采用七大战略性新兴产

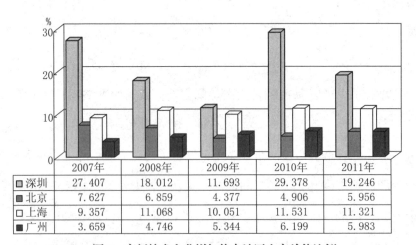

	2007年	2008年	2009年	2010年	2011年
深圳	27.407	18.012	11.693	29.378	19.246
北京	7.627	6.859	4.377	4.906	5.956
上海	9.357	11.068	10.051	11.531	11.321
广州	3.659	4.746	5.344	6.199	5.983

图1　高新技术企业增加值占地区生产总值比例

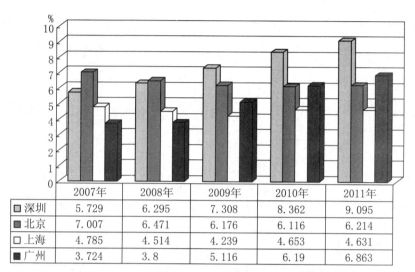

% 10 9 8 7 6 5 4 3 2 1 0	2007年	2008年	2009年	2010年	2011年
■ 深圳	5.729	6.295	7.308	8.362	9.095
■ 北京	7.007	6.471	6.176	6.116	6.214
□ 上海	4.785	4.514	4.239	4.653	4.631
■ 广州	3.724	3.8	5.116	6.19	6.863

图2 高新区企业工业增加值占地区生产总值比例

表1 深圳地区生产总值与新兴产业增加值（2013—2015年）

年份	全国GDP （亿元）	深圳地区 生产总值 （亿元）	占比 （%）	全国战略性新 兴产业增加值 （亿元）	深圳战略性新 兴产业增加值 （亿元）	占比 （%）
2013	588019	14500.23	2.47	167000	5314.78	3.18
2014	635910	16001.98	2.52	190000	6032.28	3.18
2015	685506	17500.00	2.55	219000	7003.48	3.20

业来衡量新兴产业的发展（七大产业分别是：生物、新能源、新材料、新一代信息技术、互联网、文化创意、节能环保），因为这些数据不是免费的，故只能采用深圳地区生产总值占全国的比重与深圳战略性新兴产业增加值占全国的比重的对比，说明深圳新兴产业发

展在全国的地位。

　　高新科技产业、战略性新兴产业的较快发展，既说明产业结构在迈向中高端，也反映创业创新活动的活跃。这是深圳显著优于其他三个一线城市的地方，也是深圳成为创业创新热土的一个证明。"十二五"期间，深圳七大战略性新兴产业年均增长近20%，产业总规模由8750亿元增加到2.3万亿元，占GDP比重由28.2%提高到40%，成为促进经济稳定增长的主引擎。2015年，深圳四大未来产业——生命健康、海洋经济、航空航天和智能装备制造的规模超过4000亿元，成为新的经济增长点。而2016年一季度，战略性新兴产业和未来产业共实现增加值1555亿元，增长12.1%，占GDP比重达到40%。更为重要的是，深圳在高新技术产业和战略性新兴产业产生了若干行业领袖：华为、腾讯、华大、大疆、光启、比亚迪等，这些企业正引领着所在行业的发展。这是深圳对中国的重大贡献之一。

（原载《东方早报》2016年8月16日）

"双创"——深圳"优"在生态系统

　　我在参加面试时，认识了一位也是来做考官的上海交大校友方先洋先生，他是安煜信息技术有限公司（专注于一种物联网—车联网的公司）的创始人、董事长。他见我频频发问有关创业创新，就向我发出邀请：考察"深圳湾创业广场"（以下简称"深圳湾"）。7—8月间，我基本在香港休假，所以，就择日再次去深圳，开展对深圳创业创新生态系统的考察。

　　"双创"生态系统的集成、再造与优化，对于提高"双创"的成功率极其重要，看了"深圳湾"，我对此有了更加深切的认知。"深圳湾"位于我国创业创新资源最为密集的深圳科技园南区，被腾讯全球总部、百度国际总部、A8音乐大厦、三诺大厦、阿里全球总部所环绕，是一条贯穿于400米长、18栋甲级写字楼的创业街区。这只是一个形态的简要介绍，最为重要的是它的使命和功能。"深圳湾"的使命是，打造中国首席的创业创新生态，孕育引领全球创新思潮的未来企业。它集聚了所有与创业创新有关的主体——创业者、企业家、投资人和创业服务机构等，成为集专业孵化、创业投融资、种子交易市场三大核心功能，创业交流、创业展示、创业媒体、创业培训、创业公寓、公共加速六个重点功能的全球知名"Inno Park"（创新园）。我认为，"深圳湾"是一个升级版的创业创新生态系统。尽管有人说，北有中关村，南有"深圳湾"，但后者的起点远高于前者是不争的事实。上海目前没有可以与其比肩的创业创新服务综合体。

"双创"的生态系统有多个要素，可以从不同要素的角度来剖析这个系统。在"深圳湾"，颇具特色的系统要素是孵化器。孵化器在我国已有三十年的历史。早在 1987 年 6 月，中国第一家企业孵化器"武汉东湖新技术创业者中心"就宣告成立。1988 年 8 月，国家决定设立专门发展高新技术产业的"火炬计划"。在该计划中，国家把建立孵化器——科技创业服务中心列为重要的内容。然而，早年的孵化器更多的只是一个物理空间，为有创业想法的人提供一个场所，它所能提供的功能和服务是很有限的。而且，直到现在为止，在国内其他地方，孵化器大多由政府相关主管部门主办。在"深圳湾"，我们看到了升级版的孵化器，令人耳目一新的孵化器。

要了解"深圳湾"的孵化器，先得简要介绍深圳的"淡马锡"（新加坡最大的国有控股公司）——深圳市资产规模最大的国有企业深圳市投资控股有限公司，简称"深投控"。"深圳湾"是"深投控"

锐意打造的创新创业集聚地,以产业培育为核心使命,以创新创业创投创客为核心定位,依托"深投控"的深圳软件产业基地、深圳湾科技生态园等六大产业园及周边众多高科技企业总部,巧妙利用街区现有特色空间,集成全球范围创新创业服务资源,力求打造创业文化体验的新地标。"深圳湾"现有的物业是国有的,但其中的孵化器都是民营的。这就决定了它们的经营风格是市场化的、多元的、开放的。

大致可以将"深圳湾"现有的孵化器分为三大类:其一是产业型,它们是由一家行业内具有相当地位的企业创办的孵化器。这类孵化器聚集深耕该行业前沿技术的创业团队,如联想之星、微软云加速,力图在互联网、物联网、新一代信息技术、新能源、节能环保和生物等战略性新兴产业领域打造未来企业。

其二是创投型,即由各种创投资本创办的孵化器,这是现时非常流行的孵化器。我们去看了一家"中美创投"旗下的孵化器。在创业创新生态系统中,孵化器中的创业者是创投资本的"猎物",创投资本则是创业者的"奶水",三者的关系甚为密切。原来,孵化器和创投资本是两家人,创投资本到孵化器找项目,孵化器则寻求创投资本的"惠顾"。然而,在创投型孵化器,创投资本将战线前移,例如,风险投资进行高风险的天使投资,同时对被投企业提供一系列的创业培训和跟踪指导，以期降低创业失败率，从而提升自身的风险把控能力。因此，创投资本设立孵化器的根源在于打造创业服务平台，获取优质项目资源，同时降低投资失败率。在另一个层面，孵化器之间的竞争也就是创投资源的比拼。

其三是创新型或服务型，以提供多方位创业服务为特色的孵化器。这类孵化器本身就是一个创业服务的综合体，它试图从一个或几个专业的创业服务切入，吸引高质量的创业团队进入。2016 年 1 月，"深圳湾"签约的"硅谷创业者学院"，就是一家以举办创业创新培训辅导起家的孵化器。硅谷创业者学院总部位于美国硅谷，是最早期的科技孵化器，培训对其树立孵化品牌意义重大。之所以选址落户"深圳湾"，是看中了这里能为创投资本提供丰富的项目源。硅谷创业者学院的导师全部是近年来在科技领域创业成功的创始人或联合创始人，他们来自硅谷和本地，帮助创业者创建可持续发展的科技公司。为期四个月的不脱产课程，就公司营收、成本和利润、市场营销和销售、融资等开展培训。通过创业培训和辅导，进而衍生到创投对接、项目孵化、路演展示、品牌推广、股权交易、法律咨询、企业管理咨询、云计算、科技图书馆等多项功能，俨然一条完整的创业服务产业链。

其实，上述三种孵化器类型只是从创办主体及其切入重点的大致划分，由此不难看出，孵化器在当下的一些特点：专业孵化器和综合孵化器并存，综合孵化器居多；通过提供高品质、多方位创业服务，聚集各种创业创新资源，使之产生多种聚集效应：人才的聚集效应、服务的聚集效应、项目的聚集效应。以这些孵化器为基础的"深圳湾"，已经在战略性新兴产业诞生了一批成功企业，在不久的将来还将出现更多的成功企业，进而实现其崇高愿景：孕育出引领全球创新思潮的未来企业和行业领袖。这是完全可以期待的。

当然，在当下浮躁的创业环境下，"深圳湾"的孵化器也同样遇到如何打造自身品牌，吸引优质项目，提升孵化成功率的严峻考验。相比美国等发达国家成熟的孵化体系，我国尚处于起步阶段的孵化器仍有许多不足之处，例如盈利问题、项目资源、导师资源等，均制约着孵化器的发展。不过，在各种创业创新资源高度集聚，外部环境相对优越的情况下，"深圳湾"解决这类问题也有着自身的优势。

最后，我特别要提及这个生态系统中的创客。在"深圳湾"，"双创"已经演化为"四创"，即创业创新创投创客，创客是一个特殊的、重要的角色。我觉得，在经济学看来，创客的活动，就是以供给创新的方式进行需求试错；从产业发展的角度，创客连接硬件和软件，对于智能制造业和现代服务业的发展同时起着重要作用。

2016 年 6 月，深圳举行了"国际创客周"，为创客提供充分表现的舞台和交流平台。这个活动以后每年都要举办，旨在让创客这个在"双创"生态系统中最为活跃的因素发挥重要的作用。

（原载《东方早报》2016 年 8 月 23 日）

"双创"——深圳"优"在公共服务

一如前述，一个城市能够成为创业创新的聚集地，一定是多个条件共同促成的结果。当我们在讲述这些条件时，难免挂一漏万。然而，有些条件可以漏，有些则是漏不得的，如地方政府的角色，也就是地方政府如何为"双创"提供公共服务？尤其在中国经济转型的当下，地方政府都将创业创新作为头等大事来抓，但实际效果则大相径庭，其原因之一，就是它们不同的做事方式，或者说它们在提供公共服务方面的差别。

我在参加 2017 年上海交大提前批 MBA 面试时，给几位考生做过一个选择题：在深圳的创业环境中，请按重要性对下列因素排序：（1）风险投资发达；（2）商务成本较低；（3）政府支持较多；（4）政府管制较少。2/3 以上的考生将"政府管制较少"放在第一。尽管这道选择题没有标准答案，但这个结果符合我的预期。为了做出更好的"双创"业绩，各级地方政府都制定并实施了大量支持政策。其实，结果告诉我们，管制少优于支持多。这是因为，我们现在所说的"双创"本来就是民间的、市场的活动，不给予管制就是最好的支持。进一步说，在市场活动中，政府的支持会因为信息不对称或利益的困扰造成不公平。所以，政府用于直接支持"双创"的资源，不如投入营造市场环境和提供公共服务。

对于"双创"和其他经济活动，深圳市政府的基本行为特征是，宏观积极、微观不干预。所谓宏观积极，就是将管制减到最少，尽可能给予公平有效的公共服务；微观不干预就是不过问企业的生产经营和投资活动。一些在深圳干了多年企业的人士告诉我，这么多年，工商、税务部门从未到企业来过。所以，在深圳，很多企业家想得最多的是怎么对接市场、进行研发，而不是怎么和政府打交道。

那么，深圳市政府提供了哪些公平有效的公共服务呢？对于"双创"而言，政府提供的公共服务主要体现在三个方面。其一，法治环境。经验表明，一个城市或地区，市场化程度越高，法制化程度亦同步越高。与较高的市场化水平互动的良好法治环境，是深圳创新发展的秘诀之一。"经济特区立法权是深圳发展最大的优势"，深圳市人大常委会法工委负责同志如是说。从 20 世纪 80 年代尤其是从 1992 年被赋予经济特区立法权后，深圳共推出 126 部法律，基本涵盖经济社会管理各方面。一次，笔者坐网约租车，司机要求坐在后排的我也系好安全带，我和他聊起了深圳的法治环境。他拿深圳和他的家乡做了一个对比，说道，在深圳你只要遵纪守法，就活得自如、潇洒；一旦有违法行为，比如开出租车或网约租车，自己或乘客没有系好安全带，就有警察找上来了。这就说出了法治给人们以预期的道理。这样的法治环境对于创业者来说，成本是最低的。

其二，平台服务。深圳湾创业广场就是一个由深圳市最大的地方国有企业"深创投"投资建设的"双创"平台。深圳市政府还大规模布局创新载体，着力增加创新平台供给。围绕"双创"需求，主动布局，超常规发展创新载体，累计建成国家、省、市级重点实验室、工程实验室、工程（技术）研究中心和企业技术中心等创新载体1283家，覆盖了产业创新发展主要领域；建成了国家超级计算深圳中心、大亚湾中微子实验室和国家基因库等一批重大科技基础设施，目前正积极规划建设未来网络实验室、超材料工业技术、下一代高速大容量光传输技术、高通量基因测序及组学技术等国家级创新载体。创新载体成为强化原始创新、实现重点跨越、突破产业升级"瓶颈"、加速转换产业发展动能的重要支撑，极大地提升了核心技术竞争力，目前已结出累累硕果。大亚湾中微子实验室发现的中微子"第三种震荡"入选《科学》杂志2012年度十大科学发现。

其三，规划布局。战略性新兴产业的快速发展得益于提早谋划布局。2008年的全球金融危机，同样给深圳传统的出口导向型经济带来严重冲击，迫切需要对经济增长方式进行转型和改革。为加快构建现代产业体系，深圳大胆探索、勇于创新，高水平规划、高起点布局新兴产业。2009 年，在全国率先规划布局了生物、新能源和互联网产业；2011 年以后陆续出台了新材料、文化创意、新一代信息技术产业和节能环保四大战略性新兴产业振兴发展规划。为抢占未来科技竞争制高点，2013 年起又先后布局了海洋、航空航天、生命健康、军工以及机器人、可穿戴设备和智能装备等五大未来产业。目前，已形成了完善的战略性新兴产业发展规划政策体系，从资金、技术、空间、人才、国际合作全方位为战略性新兴产业发展保驾护航。深圳的经验表明，规划布局的前瞻性和企业家的试错可以形成良性互动。这是因为，科学的规划及相关政策出自战略科学家和技术工程师的科学预见，将为企业家的试错提供充分的信息，创业者、企业家再结合他们对市场的判断作出决策，就能够提高其准确性和成功率。

我和一位在杭州、上海念过书，以后一直在深圳工作、创业的企业创始人，聊起中国内地的地方政府和深圳市政府在经济活动中的行为差别时，请他做一个最简单的概括，他脱口说道，其他地方的政府是"尽量做"，深圳的地方政府是"尽量不做"。尽管对这样一个信息量很大的问题，用一句话概括是很困难的，但他的这句话有几分形象、几分深刻。在那些国有经济比重较高的地方，地方政府长期形成的观念和行事方式，就是如果我不做，这个地方的经济就不转了。在那些民营经济比重较高的地方，地方政府在微观层面本来就没有多少作为空间，如果他们观念领先，改革到位，当然就会尽量不做。深圳民营经济增加值占比2015年达到42.8%；在全国民间投资疲弱的背景下，2016年上半年，深圳民间固定资产投资大幅增长77.7%（这可能有短期的特殊因素影响），占比在2016年第一季度达到74.8%。"天时地利人和"，使深圳得改革开放之先机，产业发展之先机，创业创新之先机，各种有利因素在这个时空汇集，深圳市政府就像上个世纪90年代的美国政府，"运气"太好，进而因势利导，使得深圳近年来确实有一种新的气象、新的势头，出现了我在这一组文章中描述的"深圳现象"，准确地说，是"双创"的"深圳现象"。

如果人民币汇率不出现较大的贬值波动，深圳2016年的经济总量就将超过香港。根据现在深圳的年均增长比北京、上海高两个百分点的趋势推算，它将在10年后，成为中国经济总量最大的城市。当然，如果用人均GDP、单位平方公里创造的GDP，特别是PCT（专利合作条约）国际专利申请量连续12年位居内地大中城市之首，23项中国专利金奖、14项国家科技大奖、56项国家科学技术奖励等指标和数据，以及新一代信息技术、新型显示、基因测序、超导材料、新能源汽车和无人机等部分领域的关键核心技术取得重大突破，跻身世界先进行列等事实，深圳在几年前就是中国大陆经济实力最强的城市。我们期待，"双创"的"深圳现象"绽放出更加丰硕的发展成果，助力深圳成为中国的"创都"，成为具有国际竞争力的全球城市之一。

（原载《东方早报》2016 年 8 月 30 日）

"创都"——深圳的定位

称北京"帝都"、上海"魔都",半是它们昨天和今天的写照,半是网络语言的调侃。笔者现在说深圳的定位是创业创新之都(简称"创都"),既是对它现实表现的肯定,更是对它未来发展的期许。不过,无论从哪个角度或层面看,深圳都是中国最有可能成为"创都"的城市。那么,定位于"创都",深圳有什么不同于中国其他一线城市的独特之处,需要坚持并完善,还有哪些"短板"需要发现并补上?这是实现"创都"定位必须要做的"功课"。

前一段时间,我在深圳做了一些调研。此后,在《东方早报》、《经济导报》发表了一些文章,集中阐述"双创"的"深圳现象",回答深圳到底"优"在哪里?初步的答案是:城市的包容性品格,产业的结构性优势,"双创"的生态系统和政府的公共服务,这些是"双创"深圳优于中国其他城市之所在。这里,包容性品格主要指进入门槛和创业门槛相对较低。产业的结构性优势除了战略性新兴产业占比较高、发展较快之外,还包括产业链的配套能力较强。"双创"的生态系统集中体现在深圳具有融创投基金和各种创业服务在内的,国内最高"版本"的孵化器。政府的公共服务则被概括为宏观积极，将管制减到最少，尽可能给予公平有效的公共服务；微观不干预，不过问企业的生产经营和投资活动。当然，为了打造"创都"，深圳在这些方面都还有不小的提升和完善空间。

纵观中国的一线城市和部分实力较强的特大城市，目前似乎都出现一个倾向，那就是都想往综合方向发展，即所谓具有综合竞争力或综合的国际竞争力，都有多个"中心"的定位。尽管超大城市、特大城市应该有相对完整的产业体系，即制造业和服务业（生产者服务业和消费者服务业）都得到相应的发展。但是，大城市，区域性中心城市乃至全球城市，最终是以特色取胜，还是综合取胜，其答案是不言自明的。也就是说，对于包括上海、北京、广州和深圳在内的中国一线城市，如何凝练自身优势，聚焦发展方向，是一个具有根本性、全局性和长远性的战略问题。譬如，北京除了政治中心，是否应该特别突出文化中心这个发展方向？又如，上海是否应以经济中心即先进制造业中心以及与经济中心衔接最为紧要的科创中心为首要，在其他几个中心中，强化金融中心这个发展重点。在这一点上，笔者以为，深圳对自己想要什么认得比较准，不像其他城市什么都想要，最后难免顾此失彼。

经济学的一个公理是，资源总是稀缺的，尤其在市场经济日益深入我们的体制后。哪怕是中国的一线城市,行政地位再高,也会有资源稀缺的问题。所以,只有凝练自身优势,聚焦发展方向,才能防止资源错配,进而使资源配置效率达到最大。对于深圳这样一个年轻的城市,移民、人口结构年轻、传统体制负担最轻等,是它最为独到的、不可复制的优势。基于这些优势做什么?"双创"就是不二的选择。再加上近年来,新经济即战略性新兴产业的发展,深圳把握到了这个历史性的机遇。"天时,地利,人和",深圳成为中国经济新常态下创新驱动的一个新增长点,深圳的南山成为中国"双创"的"硅谷"。坚持"创都"这个发展方向走下去,深圳成为中国战略性新兴产业、未来产业的集聚之地,成为中国经济总量最大的城市,都是指日可待的。

那么,深圳打造"创都",自身还有哪些"短板"需要补上?这里,"短板"的对标是美国的旧金山即硅谷、波士顿,以色列的硅溪(从特拉维夫到海法),德国的柏林。在我看来,如果我们用硬实力和软实力来进行这一对标的话,深圳的硬实力已经接近国际一流。随着近年来一些重大工程的建设和完工,如更多的地铁线路、广深港高速铁路等,深圳的基础设施堪称完美。如上所述,由于"双创"作用,也就是企业家精神的作用,深圳的产业结构不断在迈向中高端,也真正出现了具有国际竞争力的现代产业体系。这也是硬实力。

但是，由于深圳的年青，或者说还有其他的原因，它的软实力还存在诸多"短板"。举其要者，可能有以下三个方面：

其一，还缺少能够培养创业创新人才的一流大学。"创都"对人才（人力资本）尤其是创业创新人才的需求是巨大的。创业创新人才当然可以来自移民，但是，在上述国际"创都"，都有至少一所培养创业创新人才的大学，如硅谷的斯坦福大学、硅溪的特拉维夫大学和以色列理工大学等。尽管中国大陆还没有一所大学能够被称为培养创业创新人才的大学，但是，努力将深圳大学和南方科技大学办成能够培养创业创新人才的大学，或者与国际一流的此类大学合作，抑或与国内最有可能成为培养创业创新人才的大学合作，办至少一所能够培养创业创新人才的大学，对于深圳来说，是至关重要的。

其二，还缺少能够培育创业创新氛围的文化机构。创业创新需要灵感。灵感来自很多方面，譬如，来自创业创新教育。对于作为"创都"的城市，还需要各种广泛提供科学知识、人文滋养和艺术熏陶的文化机构，它们是创业创新人才获得灵感的重要源泉。这些机构常年举办的各种活动，以及营造的环境，是"创都"生态系统的重要组成部分。

其三，还缺少能够提出各种战略性咨询意见的一批智库。作为

"创都"、也作为一个年轻的大都市,深圳需要对其经济、社会、政治、文化和生态发展提出真知灼见的智库,具体内容涉及城市发展的技术、工程和治理等方方面面。这无论对于政府领导把握发展方向、优化制度安排,还是创业者和企业家的战略决策、策略制定都是极为必要和重要的。

(原载《经济导报》2016 年 10 月 31 日)

为什么深圳将是中国第一个新经济策源地

　　未来中国经济增长的重要支撑，就是以战略性新兴产业和未来产业为主导的新经济。新经济源于创业创新的试错。这里的创业创新，主要是指新技术的创业创新。这些创业创新试错为"对"的结果，构成战略性新兴产业体系的框架和内容。那么，新经济的发展有什么特征？

　　新经济以精英人才、人力资本为本，所以，它具有强烈的集聚特征。比较制造业、服务业（主要指生产者服务业）和新经济，集聚的程度是递进的。也就是说，生产者服务业有着比制造业更高的集聚要求，新经济又有着比生产者服务业更高的集聚要求。观察表明，制造业集聚地的分布是比较广泛的生产者服务业的集聚主要是在一线和部分二线城市。在三、四线城市，除了交通运输业，则基本没有生产者服务业的集聚式发展；新经济的集聚地，或者说新经济的策源地，往往集聚在为数更少的城市或地区。以美国为例，现在有三个比较公认的新经济集聚地，即硅谷（旧金山湾区）、波士顿和圣迭戈。如果说硅谷以信息技术及产业起家和见长，那么，波士

142

顿和圣迭戈现在主要以生物技术研发及相关产业发展为主。

新经济的集聚以人才集聚为主要内容。由于新经济是创业者和企业家试错的结果,所以,其人才集聚主要是创业者、投资家和企业家的集聚,还有大量研发人才即科学家和工程师的集聚。为新经济创造价值的人才,对生活品质有较高的要求,大致包括气候宜人、环境优美;多样化需求的满足,如子女教育、医疗和文化;生活和交通的便利性,等等。同时具备这些条件的地方,在美国尚为数不多,更何况中国。以深圳为例,它应该是一个最具潜力成为中国新经济策源地的城市,但上述条件中的教育、医疗和文化,仍然是其短板。与美国新经济的策源地相比,深圳缺一二所能够培养创业创新人才的大学,可能是最大的差距。

何谓培养创业创新人才的大学?这个问题没有标准答案。但有两点可以肯定,培养创业创新人才的大学是创业创新生态圈的一个不可或缺的组成部分,如斯坦福大学之于硅谷,麻省理工学院(MIT)之于波士顿;创业创新生态圈为培养创业创新人才的大学提供不可多得的环境和条件。所以,二者互为因果、相得益彰。

美国是世界上一流大学最多的国家,也是世界上推行创业创新教育最早、最成功的国家,斯坦福大学和MIT就是创业创新教育的成功者和领跑者。以色列的特拉维夫大学和以色列理工大学,德国的柏林工业大学等都在创业创新教育方面取得了不俗的成绩，对当地的创业创新输送了源源不断的人力资本。我国的创业创新教育起步较晚，可以说还没有系统的做法，更没有成功的经验。但问题的症结在于，中国的教育体制并不适应，更无法推动创业创新教育的发展。所以，在创业创新驱动经济增长的倒逼下，推动新一轮教育体制的深化改革，才能使中国的教育承担起培养创业创新人才的重任。如果说经济体制改革是过去三十多年中国经济高速增长的主要推手，那么，未来的教育体制改革，就将在创业创新驱动增长的过程中，担当更为重要的责任。这是新经济对教育提出的要求。

为了适应中国未来较长时期的增长和发展，并充分考虑到新经济的集聚特征，在东部地区形成三个左右新经济的策源地，是一项重大的战略性任务。为什么只能在东部？因为这里可能满足新经济集聚的条件。现在看得比较清楚的一个策源地，就是深圳。在教育、医疗和文化等条件逐步完善的基础上，深圳将是中国第一个新经济的策源地。第二、第三个还不太清晰。笔者看好杭州及周边的杭州湾一带，似乎有可能成为中国第二个新经济的策源地。

新经济的策源地是各种要素综合作用的结果，同时还需要一些前提条件。当年和深圳一起设为经济特区的四个城市，现在也只有深圳成为战略性新兴产业的集聚地。而且，经济特区的定位主要是通过开放倒逼改革，建立更加符合市场经济的新体制，以促进经济增长和社会发展。至于发展什么产业，是以制造为主还是贸易或其他为主，都是根据当地的实际情况，政府因势利导，市场最终选择的结果。深圳战略性新兴产业的集聚和发展，就是这一结果的最好说明。

那么，深圳成为战略性新兴产业集聚地的主要前提条件是什么？是在改革开放的大前提下，大量移民涌入深圳。移民对于创业创新的渴求、热情，是毋庸置疑的。有人愿意移民到这个地方，这个地方也能够接纳移民，就为创业创新生态圈带来了主体，硅谷、硅溪都是如此，深圳也是如此。这里面告诉我们的经济学道理很简单，那就是，市场经济的发展以要素自由流动为前提，其中以劳动力和人力资本要素流动为首要。然而，理论和经验都告诉我们，限制劳动力和人力资本流动的障碍是最多的，也是最难以克服的。产业的集聚、新经济的集聚，能够带来专业化、规模经济、共享基础设施和学习效应等积极影响，但关键要做到的，是人才集聚，尤其是创业创新人才集聚。这里，既有市场机制规律的诱导，也有创业创新法则，亦即"高于短期理性的动力"。所以，创业创新生态圈的关键要素，包括政府公共服务平台的综合作用，就显得尤为重要。新经济的策源地，就是在一群创业创新主体与其他要素的交互下，在营造了一个创业创新生态圈的同时，发明了新技术，并将它们产业化，进而扩散到世界的各个角落，推动着经济的持续增长。新经济策源地的机制和可能的作用就是这样产生的。

（原载澎湃新闻，2017 年 3 月 7 日）

START-UP AND INNOVATION THE PATH OF CHINA'S ECONOMIC TRANSFORMATION

名家谈 "双创"

彼得·德鲁克（现代管理学之父） 创新是一种赋予资源新能力的活动，并使资源创造出财富。事实上，创新本身创造了资源。创新是创业家的独特工具。创业家借助创新，把改变视为一个开创不同的事业的机会。此外，创新也可以视为一种学科，可以被学习，并且能被实际地运用。创新是既具有观念性又具有认知性的。因此，想要创新，就必须多看、多问、多听。

（摘自《卓有成效的组织管理》，东方出版社，2009 年版）

彼得·蒂尔（美国硅谷的创业和投资教父） 创新是非常难定义的，很多时候是我们看到了结果，才知道它是创新的东西。从宏观上说，创新是有能力对文明做出很大改变，而且在将来很多年里能够提高人类生活水平的东西。同时，在微观上看，一些创新的社会影响可能要很多年以后才能看得到。一般来讲，宏观创新有宏观影响，微观创新有微观影响。

（摘自《"钱颖一对话彼得·蒂尔"活动》，《财经》杂志 2016 年第 3 期）

蒂姆·库克（苹果公司首席执行官） 我觉得有一个问题很关键，硅谷可以说是非常不正式的，完全不受制于规则，大家不在乎那些表面的繁文缛节，这是硅谷的一个特点。如果苹果的某个普通员工想跟我说什么事的话，他直接就可以跟我说，所以这个氛围是非正式的，非常轻松的，我觉得这样一种氛围对于创造力的培育至关重要。你的繁文缛节、你的官僚程序越来越少，你的组织结构越来越扁平化，就越容易催生创造力。不光是初创企业需要有这样的特点，哪怕是那些大型的企业，也应该尽量实现这样一种氛围；因为这样的话，会让每个人觉得自己有发言权，自己掌握着自己的命运。

（摘自微信公众号：经济学原理，2017 年 3 月 18 日）

董明珠 要鼓励企业自主创新，必须有好的氛围去保护专利，要严打偷盗剽窃行为，上到刑法上来。偷窃是要付出代价的，是行不通的。更多企业能够真正自主创新，必须有好的氛围去保护创新成果。

创业并非完全辞职单干，只要有想法，企业也可以提供创业的土壤，而且还能更有针对性地培养。

（摘自作为 2016 年人大代表接受新快报记者采访，2016 年 3 月 4 日）

何帆　创新主题词是混搭。混搭就是把人们想象不到的东西以新的方式组装。大家一定要破除对创新的迷信，从来就没有什么新技术，也不用靠专家和院士，你们只要大胆地突破已有的边界，能够想到新的组合方式，就一定是创新。

中国企业在过去的时候很会创新的，我们所有中国企业的创新目的是为了什么？在纵向把成本尽可能地压低，中国企业可以把成本压低到让人不可思议的地步。用阿里现在参谋长曾鸣教授的话讲，叫"穷人的创新"，因为很穷，所以必须压低成本。

（摘自全球视野，创新长青——中信泰达创新论坛演讲，2017年1月18日）

在未来数年，我们很可能会进入一个创新创业的黄金时代。创业的成本大幅度下降，尤其是在移动互联网行业，由于研发平台已经相对成熟，进入门槛大幅度降低。各行各业之间的界墙很快就会被拆除，这是一切人与一切人竞争的时代。

（摘自 http://finance.sina.com.cn/zl/china/20150305/115621652358.shtml）

雷军　创新就是做别人没做过的事情，或是做了别人没做成的事情，这两样事都不会容易。我们在对成功者鼓掌时，不要忘记无数的铺路石。对成功者顶礼膜拜，对失败者嗤之以鼻，会打击创业者的积极性。

（摘自作为人大代表接受新华社记者采访，2016 年 3 月 15 日）

其实真正能走向成功巅峰的人是极少数，绝大部分的创业者都成了铺路石。对所有的创业者来说，最重要的是一种信念，如果没有这种梦想的信念的话，是没办法支撑每天高强度的工作的。

（摘自 SOHO 中国主办的"潘谈会"，2015 年 6 月 3 日）

李东生　不去试，哪里有机会？哪里知道行不行？

（摘自微信公众号：秦朔朋友圈，2017 年 1 月 31 日）

年轻人要有失败的准备，失败并不可怕，关键要把失败原因找到。有很多人二次创业、三次创业才成功，这是很正常的，社会也要宽容创业者的失误甚至失败，只有这样，大众创业、万众创新才能真正在中国经济发展当中发挥更好的作用。

（摘自第十八期"中国企业家两会沙龙"，2016 年 3 月 5 日）

李彦宏 并不是每个人都适合创业，最成功的创业者创业的初衷不仅仅是为了赚钱。其实通过创业挣钱是最苦最累的一条路。

（摘自"创客中国 新青年行动"项目启动演讲，2015 年 5 月 4 日）

其实从创新角度来讲，很多时候最需要的素质应该是能够耐得住寂寞，在别人都不看好的情况下，你是不是愿意相信这个事情，是不是真的愿意投入做这个事情。及早意识到某些方向的重要性，并确定这是自己真正想要做的事，就能比别人提前几年时间去做。如果有一天当所有的人都意识到这个东西重要的时候，你也开始进场去做，那这个竞争会非常残酷，而且绝大多数情况下，大多数竞争者都会失败。

（摘自联通合作伙伴大会演讲，2016 年 11 月 3 日）

柳传志 一个创业企业要想暂时能够成功，有两个必要条件，一是要有意志力，要能顶住，能不能创业还得看能不能熬得住，熬得住就能成功；二是学习能力，那些运动员能奋斗成世界冠军都是因为他们有学习能力，意志品质只能说是必要条件，自身条件就是要有学习能力。

（摘自 https://baijiahao.baidu.com）

马化腾　当一个产业已经做得很久时，就已经是一片红海，而新技术在两个产业跨界部分往往是最有机会诞生创新的机会；那可能是一片蓝海，比如腾讯和大疆。

（摘自"香港 × 科技创业平台暨青年创业服务系统"大会演讲，2016 年 7 月 19 日）

马　云　关于创业，少听别人说，自己去思考，找一些志同道合的人，给自己一个决心，我干五年十年，一定把它做出来。阿里今天是这样走出来的，今天这条路也是所有创业者都走过的路，可能这也是基本的原则。

（摘自《从梦想到成功创业》主题演讲，2015 年 3 月 3 日）

一个企业家要做得久，做得好，他每天考虑的大部分事情都应该跟钱没有关系，跟钱有关的都不是战略性的。不以利益为出发点的战略决策才是真正的庙堂决策。

（摘自新加坡国际诚信研讨会（the Honour International Symposium）视频演讲，2016 年 6 月 28 日）

钱颖一 中国之所以重视创新，是由于经济发展的驱动力开始变化。一个国家的经济增长驱动力，取决于该国所处的发展阶段：发达国家依靠创新驱动增长，贫穷国家主要靠资源驱动，基本不需要靠创新驱动，可以靠模仿。中国在过去的30多年中大致是这种模式。而中等收入国家介于两者之间：与发达国家相比，资源驱动仍有空间，但是与贫穷国家相比，需要更多地靠创新驱动。

创新型人才的根本特征是创造力。无论是科学发现还是技术创新，或是人文思想突破，都是创造力的体现。创造力包括至少三种创造性：创造性精神、创造性思维、创造性能力，我称之为创造力"三要素"。

从组织形式看，有两种不同的方式组织创新：一种是从上到下，政府作为创新的主要组织者，美国的登月计划、中国的"两弹一星"都属于这一类组织活动创新比较成功的例子；另一种是自下而上，主要是靠企业家创业带动创新，硅谷是典型例子。在这种模式中，政府不是主导创新，而是创造适合创新的环境。由于过去传统计划经济体制的影响和习惯性思维，我们比较容易关注前一种，比较容易忽视或者不够重视后一种，这是我们面临的一个问题。

目前，中国出现的"大众创业、万众创新"热潮，本质上是草根活动。应该主要依靠民间力量，依靠市场机制，同时也要更好地发挥政府作用。首先，在创新创业上，政府要给市场和民间留出足够空间；其次，政府要创造有利于创新创业的法治环境和创业友好的监管环境，适应新形势，制定新法规；第三，政府应创造有利于创新创业的环境。政府并不是直接投资和建立科技园这些"硬件"，而是要提供公共产品和公共服务这些"软件"。总之，为创新者创造一个好环境，对中国的创新来说非常重要。

（摘自《"钱颖一对话彼得·蒂尔"活动》，《财经》杂志 2016 年第 3 期）

秦　朔　企业家就是风险和不确定性的承担者。这样的决策压力只有企业家才有，对与错，往往决定了企业的生死兴衰。命悬一线的压力，可能是企业家精神生长的最佳容器。

（摘自微信公众号：秦朔朋友圈，2017 年 1 月 31 日）

任正非　现在的时代，科技进步太快，不确定性越来越多。华为已感到前途茫茫，找不到方向。唯一的解决方法是创新，重大创新是无人区的生存法则，没有理论突破，没有技术突破，没有大量的技术积累，是不可能产生爆发性创新的。

（摘自全国创新大会讲话，2016 年 5 月 30 日）

施一公 压死骆驼的最后一根稻草是什么？是鼓励科学家创办企业。术业有专攻，我只懂我的基础研究，懂一点教育，你让我去做经营管理，办公司、当总裁，这是把我的才华和智慧用到了错误的地方。什么是创新，创新就是做少数，就是有争议。科学与民主是两个概念，科学从来不看少数服从多数，在科学上的创新是需要勇气的。

（摘自《不应该鼓励科学家创新》，2015 年 9 月 16 日）

王健林 严格的组织纪律和制度并不约束创新，恰恰相反，正是依靠有系统性的组织和执行，才能保证创新的想法落地成为现实；否则那也只是点子、想法而已。

（摘自新华网思客讲堂演讲《万达的转型与挑战》，2015 年 6 月 23 日）

吴晓波 创新不仅仅是企业内部的事情，若从更广泛的意义来看，创新是企业家参与社会建设的一种方式。从 20 世纪中期开始了全球化，由此，创新的民主意义，就在于打破一切既有的壁垒。这四大壁垒就是：国界、产业、想象力和制度。

（摘自 2015 福特汽车创新大会演讲，2015 年 10 月 13 日）

在腾讯身上我们可以看到，它的成功不是一次战略规划的结果，腾讯历史上的几个战略级产品，比如 QQ 空间、微信，统统不是董事会上定下来的，而是一个个小团队慢慢"打"出来的。

（摘自《解放日报》2017 年 3 月 4 日，标题为《吴晓波说腾讯：就像一座正在喷发中的火山，难以被定格》）

熊彼特　所谓创新就是要"建立一种新的生产函数"，即"生产要素的重新组合"，就是要把一种从来没有的关于生产要素和生产条件的"新组合"引进生产体系中去，以实现对生产要素或生产条件的"新组合"；作为资本主义"灵魂"的"企业家"的职能就是实现"创新"，引进"新组合"。创新是经济发展和进步的核心动力，市场经济长期活力的根本在于创新，而创新则来源于企业家精神，来源于企业家开发新的产品，创造新的生产方式，这是一个"创造性毁灭"的过程。

（摘自《经济发展理论——对于利润、资本、信贷、利息和经济周期的考察》，哈佛大学出版社 1934 年版）

姚洋　中国经济下一步的发展方向一定是创新，但是怎么去创

158

新？我们可以比较一下美国和德国，这两个国家是非常有代表性的
创新国家，借鉴他们的创新经验对我国创新道路的选择非常有帮助。
首先看美国模式，每一次创新都是颠覆性的，一旦某一领域有所创
新，其他相似的行业都要被淘汰，这是美国式创新（"从 0 到 1"的
颠覆性创新）。德国的创新是"从 1 到 N"的创新，是搞中间技术。
他们自知在"从 0 到 1"的创新模式中比不过美国，所以就搞一些
中间的技术：在机器、设备和制造业领域，牢牢掌握住中间这一部
分的创新。另一方面，德国人非常脚踏实地，从一些小事做起，重
视人才培养，重视细微的改进（"从 1 到 N"的连续性创新）。我觉
得中国足够大，中国人的心胸足够宽广，我们的地域差距又很大，
我们应该既学德国又学美国。

（摘自《金融经济》2016 年第 5 期）

俞敏洪　一个企业的发展常常并不是高层战略设计的结果，而
是在正确的企业文化下，一些偶然事件，或者一个意外的主意和尝
试，所带来的结果。允许新生事物和创新想法在内部孵化和发展，
是企业不断变革自己、抓住机遇的重要条件。

没有中国企业家的中国，将是一个乏味和贫穷的中国；没有不
同个性的企业家的中国，将是商场上一潭死水的中国；没有不同

商业模式和激烈竞争的商业世界，将没有今天热火朝天的中国活力。企业的发展和竞争、企业家之间的冲突和合作，是中国社会活力和繁荣的重要源泉，是一把把火种，让中国社会不断燃烧和沸腾。

（摘自微信公众号：老俞闲话，2017 年 2 月 7 日）

张瑞敏　创业是什么？就是从悬崖上跳下来，在落地之前，组装好一架飞机，然后驾驶着这架飞机向新的方向飞去。不逼到绝路，谁愿意创业？风险太大，从天使基金到 A 轮，再从 A 轮到 IPO，成功率只有千分之一。创业思维是归纳推理，前提和结论不一定一致，但传统经济一定是演绎推理，前提和结论一致。一个工厂产品卖得好，那就再盖一个工厂，能挣多少钱都能算出来。创业不是这样，也许你看得很准很对，可能就最后一个时间点没有抓住，就失败了。所以，创业要求在正确时间正确地点做正确的事儿。

（摘自新华社记者专访，2016 年 9 月 1 日）

创新对于企业意味着什么？意味着你必须根据时代的变迁不断地自我颠覆，因为所有的企业无非就是两种结局，一种是他杀死亡，一种就是自杀重生。所以所有的百年老企业都是自杀重生的典范。

（摘自第三届世界互联网大会"企业家论坛"演讲，2016 年 11
月 18 日）

张维迎　创新就是打破均衡。经济达到均衡之后无利可赚了，
那你怎么赚呢？所以一定要打破均衡。创新简单来讲，有两个方面，
你试图给别人创造价值，第二是能不能降低成本。如果一个创新既
不能给客户带来价值，也不能降低成本，这种就没有意义。要做到
这一点就是理解人性，凡是伟大的企业家都是对人性有透彻理解的。

（摘自北京大学国家发展研究院创新创业论坛演讲，2015 年 5
月 31 日）

企业家有两个基本功能，第一个是套利，第二个就是创新。所
谓套利就是由于人类的无知，资源配置经常处于非均衡的状态，企
业家可以发现这种不均衡的机会，利用这个机会赚钱。第二个是创
新，经济达到均衡，企业家就无利可图了，企业家接下来做什么？
打破均衡，生产出原来没有的产品，或是引进原来没有的生产方式，
或是发现新的原材料，或是探索新的组织形式。计划经济到市场经
济，套利型的企业家就可以完成，下一步创新推动的进一步增长，

更多要靠创新型的企业家。创新的基本特点，第一个是高度的不确定；第二个是创新的周期特别长。创新对产权制度和法治的敏感程度远大于套利，中国下一步如果没有法律制度、政策制度改革，要变成创新的国家，难度非常大。

（摘自马洪基金会秋季理事会论坛，2016 年 9 月 11 日）

周其仁　创新不是表演本事，而是要增加市场的需求，增加消费者的便利，增加他人的价值。

（摘自"经济形势转变与中小微企业商业模式创新"演讲，2012 年 10 月 12 日）

后　记

多年来，我一直关注企业家精神这个话题，曾经写过几篇文章。"双创"提出来以后，企业家精神在中国的形成有了源头，我开始对"双创"产生了兴趣。2015 年 4 月底 5 月初，我有幸和另一位老师带队安泰的 EMBA 学生去以色列游学，这是一次极好的对以色列"双创"的考察。2016 年 7—8 月间，我又在深圳做了有关"双创"的调研。基于这些调研和考察，我先后发表了一些文章。与此同时，也写了几篇相关的时评和政论，还做了这个主题的演讲。于是，产生将这些文稿汇集起来，出一本小书的想法。就在觉得内容还嫌单薄时，突发编辑经济学家、企业家和社会各界人士有关"双创"的"经典名句"的想法。这一想法得到了上海人民出版社任俊萍编辑的认可。

感谢支持本书出版的任俊萍编辑，她卓有成效的工作使本书增色不少；还有我的学生邓师节，为收集名家谈"双创"的内容做了很多工作。

秦朔先生在我的力邀下，为本书作序。他在《第一财经日报》

工作时，就一直为企业家精神鼓与呼。前两年，他创业了，一段新的人生开启了。一段时间以来，我看到他在一些与企业家的对话中，阐述了对"双创"、对企业家精神的深刻看法。他的口才和文笔俱佳，这些观点的表达都很精彩。当我诚邀他为这本小书作"序"时，他欣然同意了。非常感谢秦朔先生。

陈　宪

2017 年 2 月 28 日

图书在版编目(CIP)数据

创业创新：中国经济转型之路/陈宪著. —上海：
上海人民出版社,2017
ISBN 978-7-208-14507-8

Ⅰ. ①创… Ⅱ. ①陈… Ⅲ. ①中国经济-转型经济-
研究 Ⅳ. ①F12

中国版本图书馆 CIP 数据核字(2017)第 091630 号

责任编辑 任俊萍
装帧设计 张志全工作室

创业创新：中国经济转型之路

陈宪 著

世 纪 出 版 集 团

上海人 & 大 版 社出版

(200001 上海福建中路 193 号 www.ewen.co)

世纪出版集团发行中心发行 江阴金马印刷有限公司印刷
开本 635×965 1/16 印张 11.25 插页 4 字数 96,000
2017 年 5 月第 1 版 2017 年 7 月第 2 次印刷
ISBN 978-7-208-14507-8/F·2452

定价 40.00 元